民法ノート｜物権法①

鎌田 薫
著

【第4版】

日本評論社

はしがき

私が研究生活を始めたばかりの頃に、恩師篠塚昭次教授が「ほんの思いつきのようにみえる短い文章も、実は相当深く考えた末の結論なのだから、簡単に批判できると思ってはならない」と仰っていたことを、今でも奇妙によく覚えている。法律の解釈は、条文の文理・制度の沿革・論理的一貫性・体系的整合性・具体的妥当性などに関する高度で入念な検討を尽くして行われなければならないが、そうした検討の末に導かれる命題は、誰でもすぐに理解し容易に記憶できるほど簡潔明瞭に表現されているものが優れていると思う。民法の解釈論に関する講義や教科書の記述は、壮大な民法（学）の全体像を描き出すことを主たる目標としているから、必然的に、解釈論的作業の結論を重視し、その結論を導く過程の詳細に立ち入ることができない。しかし、法律学をよりよく理解し、これを自在に操れるようになろうとするならば、判例や学説によって採用された解釈論上の結論を所与のものとして受けとめるのではなく、なぜそのような解釈論が展開されるに至ったかを正確に理解し、その意義と限界を探求することを第一の課題としなければならない。そのためには、講義や体系書を通じて全体的な体系を把握することのほかに、重要な論点について、立法資料・判例・本格的研究論文などと取り組んで解釈論的な作業の全過程を追体験してみることが有用であろうと思われる。

しかし、こうした作業は著しく困難で多大な時間も要し、すべての論点についてこれを行うことは不可能である。そこで、これを効率的に行わせるために、さまざまな工夫をこらした演習書や解説書の類が数多く出版され、ますます軽薄短小化が進みつつある。こうした傾向に対しては、いささか安直にすぎるとか、まっとうな研究者の行う仕事ではないという批判があり、共感するところもないわけではないが、大学の教員たる者は自らの学問を学生に開陳する責任を負っているはずであり、わが国の法学教育は法曹養成のみを目的としていないという特殊性を考慮すると、自らの学説をわかりやすいかたちに整えて学生に提示する作業は不可欠のもののように思われる。私自身の経験からも、末弘厳太郎博士の名著『民法雑記帳』を初めとして、我妻栄『民法案内』、幾代通＝鈴木禄弥＝広中俊雄『民法の基礎知識(1)』、篠塚昭次『論争民法学1』、水本浩『民法セミナー』、加藤一郎『民法ノート』、幾代通『民法研究ノート』などの学生向けの書物を通じて、学問の魅力を感じ学習意欲をかき立てられてきたし、今でも、これらの書物から強烈な刺激と多大な教示を受けている。

本書に収められた論文も、大部分が、学生向けの演習書や学習雑誌に発表されたものである（後掲「初出一覧」参照）。もともと一冊の書物にまとめることを予定して書かれたものではなく、執筆の時期や企画の趣旨もまちまちであるから、本書にまとめるにあたってすべての論文について手直しをし、一部のものについては相当大幅に書き直したとはいえ、論文の体裁や表現、参照文献の引用の有無・方法等に統一がとれておらず、多少の重複も免れていない（参照文献の引用や初出後の重要論文の紹介が不十分であることも、ここでお詫びしておきたい）。しかし、全体を通じて、①単に解釈論上の結論を分類整理するにとどめるのではなく、なぜそのような問題が生じ、いかなる考慮が議論の対立を招いているかを明らかにすることを最重要課題とし、②初学者の勉学にも資するため、判例・通説については必ずこれを正確に紹介するだけでなく、説明のための理論枠組みも判例・通説のそれを基本とし、自説への作意的な誘導は回避する（とくに自説と判例・通説の距離が遠い物権変動論においては、この点に強く配慮した）一方で、判例・通説に盲従することなく、その問題性を明らかにして新たな解釈論に向けての視点を提供するように努め、③その際、実質的価値判断の対立と法的構成の相違との混同に由来する議論の混乱を整理し、両者の正しい対応関係のあり方を明らかにするよう配慮したつもりである。この点において辛うじて一応の統一性を保っており、前頁に掲げた名著には及ぶべくもないが、それでもなお学問的にも一定の存在意義を有するものとなっていると信じている。

法律学者の本分は、ライフワークともいうべき本格的研究書と独自性のある体系書を著すところにあるといわれている。大先輩の先生方のご好意もあって、比較的若い時期から研究書・体系書を出版する機会を与えられながら、その約束を果たせないまま刊行予定日を徒過したものだけでも五指に余る状況の中で本書を刊行することはいささか背信的でもあり、若干の躊躇もあった。しかし、かねてより学生との「緊張関係」の維持を最優先課題とすべきであると考えてきたところに、本年三月に行われた長女の骨髄移植手術に際し、池田眞朗・浦川道太郎・内田勝一・近江幸治各教授をはじめとする数多くの先生方のご配慮のもとに、早慶両校の法学部生を中心に二〇〇名にも及ぶ学生諸君から供血の申出その他の支援を受けた。そこで、彼らの好意に応え、かつ、私の学生に対する一方的思い入れに幾分かの満足を与えるために、学生諸君を直接の名宛人とした書物を、私の単独執筆による最初の刊行物としたいと考えるに至った次第である。

本書が成るに当たっては、いうまでもなく、実に多くの先輩・同僚諸兄の暖かいご指導やご助力があった。ここにそれらの先生方のお名前を掲げることは差し控えざるをえないが、本書に収録した論文のうち『分析と展開・民法Ⅰ』から転載された四点（第三版では一点）は、山田卓生・野村豊弘・円谷峻・新美育文・岡孝の各教授との討議を経たものであり、貴重なご意見を頂戴したことと本書への転載をお許しいただいたことに対しては、とくにお礼を申し上げなければならない。また、本書が企画されてから完成に至るまでには相当長い時日を要したが、この間一貫して日本評論社編集部の加護善雄氏にお世話になった。同氏の忍耐強いご努力がなければ本書は永遠に日の目を見ることはなかったであろう。ここに記して謝意を表することとしたい。

一九九二年七月

鎌田　薫

第四版へのはしがき

本書は、幸いにして、予想以上に多くの版を重ねることができた。増刷の度に新たな判例・学説の動向等を反映させる補訂を行い、第三版においては、全面的に構成を再編し、掲載論文の差し替えを行った。その後は、本書の目標との関係で必ず追加しなければならない判例等もそれほど多くはないが、民法（債権関係）の大改正（二〇一七年）、相続法の一部改正（二〇一八年）、民法成年年齢の引き下げ等の改正（二〇一八年）、所有者不明土地問題等に係る民法・不動産登記法の改正（二〇二一年）など、大きな改正が相次いだ。そこで、それらの改正内容を反映させるための補正を行い、これを第四版として上梓することとした。当初は、全面的な書き換えを意図したが、諸般の事情により、今回は旧版の頁を動かさないかたちで必要最低限の補正をするにとどめ、本格的な書き換えは他日を期すこととした。

出版事情の厳しい折にこのようなかたちでの改訂を許していただいた日本評論社に心からの謝意を表したい。

二〇二二年二月

鎌田　薫

目次

物権法

1　意思表示による物権変動

はじめに

標準的な体系書に従えば、民法総則において「私権の変動」の諸原則を学ぶことになっている。物権も「私権」の一種であるから、それらの諸原則は原則としてすべて物権にも適用がある。それでは、なぜ、これに加えて「物権変動」を論じなければならないのだろうか。その理由は、物権は絶対的・排他的な権利であるから、誰がどこにどのような内容の物権を有しているかが公示されていなければ第三者に不測の損害を与えるおそれがあるという点に尽きる（物権変動論に対比される意味での「債権変動論」という概念が存しないことも想起せよ）。

現在の物権関係を正確に公示して取引の安全を確保しようという理念を完全に実現しようとするならば、何よりもまず、(イ)物権変動があったならただちにそれが正確に公示される（公示されていない物権変動の効力が否定される）ことが必要とされ、(ロ)さらに、公示に対する信頼を高めようとするならば、公示があれば必ずそれに対応した物権変動が現存する（物権変動が存在しないのに公示があるという事態を回避する）ことが必要であり、(ハ)それでもなお実体に合致しない公示が創出された場合に備えて、実体に合致しない公示を真実のものと信頼した第三者に適切な保護を与えることが望まれる。

物権変動の理論は、これらの理念をどこまで貫くことができるかを他の諸制度との関連で検討した上で、それを実現するためにはどのような物権変動システムが構築されるべきであり、また、現存のシステムの運用にあたってどのような解釈論を展開するのが妥当であるかを論ずることを第一の課題とする――このことは、わが民法の解釈論との関係でいえば、意思表示による物権変動に関する一七六条関連の議論、登記の効力に関する一七七条関連の議論、さらには九四条二項類推適用論などをそれぞれ別個独立の問題として捉えるのではなく、一連の物権変動システムを構成するものとして相互に関連づけて理解すべきことを意味する（この点につき、私見との相違点も含めて、星野英一「日本民法の不動産物権変動制度」民法論集六巻八七頁以下参照）。

こうした関係をよりよく理解するためにも、また、わが国における解釈論上の論争の背景を把握するためにも、わが国の立法および解釈論に多大な影響を与えたドイツ法とフランス法とが、それぞれどのような物権変動システムを採用しているかを概観することが有益であろう。

	ドイツ法	フランス法
①物権行為の要否	物権行為の独自性肯定	物権行為の独自性否定
②有因・無因	無因	問題が生じない
③物権変動の要件	物権的合意＋登記	契約
④形式の要否	形式主義	意思主義
⑤物権変動の時期	物権的合意＋登記の時	原則として契約成立時
⑥登記の意味	物権変動の成立要件	原因行為の対抗要件
⑦登記の公信力	肯定	否定

一　二つの立法例

物権変動の態様およびその原因は極めて多様であり、その中には、相続による包括承継のように、公示の要請に応ずるために権利変動の一般原則を修正する必要性の低いものや、これになじみにくいものも含まれている。そこで、最も典型的な物権変動形態であり、かつ、公示の要請の強い法律行為による所有権の移転を例にとって（わが民法も、意思表示による物権変動についてのみ一七六条を置いている）、ドイツ・フランス両国の不動産物権変動システムを対比することにしよう。

ドイツ・フランス両法の不動産物権変動システムの詳細については、教科書等の説明に譲ることとして、主要な内容を簡略にまとめると上の**表**のようになる（実際の運用にあたって、実務的にかなり大幅な修正が加えられていることについて、さしあたり鎌田「不動産物権変動の理論と登記手続の実務」法務総合研究所編・不動産登記をめぐる今日的課題五七頁以下および同所引用の諸文献を参照されたい）。

これを、右に述べた(イ)ないし(ハ)の理念をどのように実現しているかという観点から再整理すると、(イ)の点に関しては、ドイツ法においては、少なくとも法律行為による不動産物権変動については登記をしなければ効力を生じないものとされているから（形式主義）、登記のない物権変動が生ずる余地はないのに対し、フランス法では、意思表示のみによって物権が変動するものとされているので（意思主義）、公示のない物権変動が生ずることになる（この場合、登記がなければ対抗できない第三者の範囲は二重譲受人またはこれに類する立場にある者に限られているから、登記をしていない物権取得者も、不法行為者その他一定の範囲の第三者に対しては物権に基づく主張をなしうる）。

(ロ)については、ドイツ法は物権行為の独自性と無因性を原則としているので、登記が移転している以上、登記名義人は原則として常に真実の権利者であるという関係が成り立つ。これに対し、フランス法では、売買契約その他の原因行為の効果として物権が変動するのであるから、登記がされていても、原因行為が無効であれば物権は変動しない（物権行為の独自性を認めないから、有因・無因の問題は生じない）ことになり、その登記も実体に合致しない無効なものとなる。この点でも、ドイツ法は、(ロ)の理念を完全に実現し、フランス法は、この要請に不十分にしか応えていないことになる。

このほか、(ハ)の点に関しても、ドイツ法は登記に公信力を認め、フランス法はこれを認めていないので、全体として、ドイツ法の方が公示の要請によりよく応えていることになる。

しかし、これらのうち、とくに(イ)(ロ)の点については、登記をしていない以上いかなる者に対しても物権の主張ができないとすることが常に具体的に妥当な結論を導くことになるか、債権行為の無効・取消しの場合に物権行為の無因性を貫くことは、無効・取消しの事実を知りながら登記名義人から目的不動産を転得した悪意の第三者まで保護する結果を導くことになり、表意者に過大な犠牲を強いることにならないか、といった疑問も出されている。

これらの点は、直接には立法政策上の問題点といいうるが、わが民法について解釈論を展開する際にも、紛争予防手段としての登記の側面を重視して、右の(イ)(ロ)の理念を強調し、形式的画一的処理を原則とする（ドイツ法に近づけた解釈をする）か、紛争解決基準としての登記の機能を重視して、未登記物権変動の効力を幅広く認めることにより、当事者間の具体的な衡平の理念の実現を図ろうとするか、という解釈論上の基本姿勢の違いになって現れてくることに配慮する必要があろう。

ここでは、以上のような観点に留意しつつ、「意思表示のみによる物権変動」をめぐる諸問題を、主として不動産所有権の移転を念頭に置いて、検討してみることとしよう。

二 「意思主義」をめぐる諸問題

1 物権行為の独自性

日本民法は、全体として、フランス法とドイツ法とをともに承継しているが、物権変動のシステムについては、いずれの立法例に従っているのであろうか。

民法一七六条ないし一七八条の文言から、わが民法がフランス法的な「意思主義」・「対抗要件主義」を採用し、ドイツ法的な「形式主義」・「登記（引渡）成立要件主義」を採っていないことは明らかである。

しかし、これは、前示の**表**の③④の点についてフランス法と同一の原則を採っていることを意味しているだけであって、その他の点についてどうであるかは、にわかに断定し難い。より端的にいえば、民法一七六条の「意思表示」は、売買契約その他の原因行為（究極において物権変動をもたらすことを目的としているが、直接的には債権債務関係を生じさせる行為）を成立させるための意思表示にほかならないと解することもできれば（物権行為独自性否定説）、債権行為とは別個独立の物権的な合意を成立させるための意思表示を意味すると解することもでき（物権行為独自性肯定説）、物権行為独自性肯定説を採る場合には、債権行為と物権行為との関係を、前者が無効ならば後者の効力も失われる（有因説）とも、債権行為の無効・取消し等は物権行為の効力に影響を及ぼさない（無因説）とも解することができるのである。

判例は、民法制定当初より、ほぼ一貫して物権行為の独自性を否定し、その他の点についてもフランス法と同様の解釈を採っている。

これに対し、初期の学説は、ドイツ法学の影響を強く受け、ドイツ法に準じて物権行為の独自性と無因性を認めるものが圧倒的に優勢であった（ただし、形式主義を採ることは民法一七六条に抵触するから、代金支払、登記、引渡しなどの外部的徴表を伴う行為の背後にある物権的合意の効力として物権変動が生ずるという構成をとる）。

その後、末弘博士は、「実際上公示を物権変動の要件とせぬ位ならば特別の物権行為を要求する必要は少しもない」として、物権行為独自性肯定説を「必要なしに吾民法をドイツ民法流に解せむとする誤の致す所である」と断じ、当事者が究極において物権変動を生じさせようとの意図のもとに法律行為をしたときには、とくに反対の意思が認められない限り、それによってただちに物権変動までをも発生させる意思があるものと解すべきであると主張した（末弘厳太郎・物権法上巻八五頁以下）。この説は、従来の概念法学的な議論を脱し、実益論的・現実的な議論を展開するものであり、また判例の一貫した姿勢にも符合するものであったためか、急速に支持者を増し、物権行為独自性否定説が再び通説の地位を奪回し、今日に至っている（学説の展開と参考文献については、山本進一・

	物権行為独自性否定説	独自性・無因性肯定説
①	民法176条はフランス法起源	民法はドイツ法にならって物権・債権を峻別している
②	無因性を認めると無効・取消制度の趣旨が没却される	無因性を認めないと非債弁済・不法原因給付等を説明できない
③	代金支払・登記・引渡し等の際に改めて合意をするとの法意識はない	契約と同時に物権が変動するとの取引慣行も法意識もない
④	形式主義を採らない以上、物権行為を要求する実益はない	物権変動を公示の具備と関連づけることで取引の安全を確保できる

新版注民(6)二一五頁以下、鎌田「意思表示による物権変動」判例と学説・民法Ⅰ一七二頁以下、滝沢聿代・物権変動の理論、同「物権変動の時期」民法講座2三一頁以下など参照)。

物権行為の独自性・無因性にかかわる論争においては、①一七六条の文理ないし同条の沿革にいずれが忠実か、②いずれの解釈が体系的整合性をもっているか、③どちらの解釈が取引慣行ないし一般的法意識に適合しているか、④取引の安全を確保するにはいずれが有効か、等々の点が争われた(上記の**表**参照)。

このうち①については、一七六条がフランス法起源であることには疑いがないが、日本民法典が物権と債権とを峻別するパンデクテンシステムを採り、ドイツ法起源の制度を数多く取り入れていることの影響を無視することもできず(フランスでは物権変動をもたらす「契約」その他の原因行為の対抗を問題とするのに、日本民法は「物権変動」の対抗を問題としているという違いもある）、いずれも決め手を欠くといわざるをえない。

論理的な観点からは、②の問題が最も重要な意義を有すると思われる。物権行為の独自性および無因性を肯定する説は、次のような点を指摘する。すなわち、民法は他人物売買や種類物売買に関する規定を置いているが、これは売買契約が所有権移転債務のみを発生させることを前提とするからであって、売買契約の効果として所有権が移転するのならば、フランス民法典のように他人物売買は無効とせざるをえないはずである。売買契約のみによって所有権が移転するならば、買主は代金を支払っていないのに所有権を取得することになって、同時履行の抗弁権に関する規定が無意味になる。民法が非債弁済や不法原因給付に関する規定を置いているのは、債権契約が無効ないし不存在であっても物権行為さえあれば有効に物権変動が生ずることを認めているからである（独自性または無因性を否定するときは、債権行為が無効ないし不存在の場合には物権変動が生ぜず、占有または登記のみが移転していることになるが、占有も登記も「利得」とはいえないから、不当利得返還請求権が成立する余地はなく、逆に、物権的返還請求権が成立することになるはずである）。

これに対し、独自性否定説の側からは、物権行為の独自性と無因性を認めるときには、売買契約を取り消しても所有権を返還せよという不当利得返還請求権が成立するだけだから、相手方がこれを転売したときには、取消者と転得者とは二重譲受人と同様の関係になり、転得者が先に対抗要件を備えたときには、たとえ転得者が悪意であっても、取消者は目的物の所有権を回復できず、九六条三項等の趣旨に反すると主張され、同時履行の抗弁権や不当利得をめぐる問題点についても、登記または占有の移転と代金支払とが同時履行の関係に立つし、占有または登記も「利得」となると解することができるなどと反論されている。これまた、いずれも決め手を欠いているといわざるをえないが、いずれの説を採るかによって、民法上のさまざまな制度について法律関係の説明が全く異なってくることは、しっかりと確認しておくことが必要であろう。

このように、右の①②のいずれの論点も決め手に欠けており、この種の議論の必要性と実益性に疑問を投げかける末弘博士の見解が広く受け容れられるところとなったのであるが、末川博士は、物権行為の独自性を認めるか否かの議論は物権変動の時期を確定するために実益を有し、この点については、「ドイツ民法流の物権契約を云々し、フランス民法流の債権効力論を検討すること」は必要なく、「わが国で古くからそして現に行われているところだけを再吟味」すればよいとして、改めて新たな観点から物権行為独自性肯定説＝代金支払・登記・引渡時所有権移転説を主張され（末川博「特定物売買における所有権移転の時期」占有と所有二〇六頁以下）、これ以降、③の問題の一環としての「物権変動の時期」とりわけ特定物売買における所有権移転の時期いかんの問題が、議論の中心的な課題とされることになった。

2　物権変動の時期

物権変動の時期に関する判例の評価については争いの存するところであるが（この点に関する吉原節夫教授の「特定物売買における所有権移転の時期」民商四八巻六号三頁以下等の一連の著作は、「判例」とは何かを考える上でも重要な意義を有する）、少なくとも抽象論としては、民法典制定前から一貫して、①当事者が売買契約その他の究極において物権の変動を生じさせる法律行為をしたときは、原則として、その時に物権変動の効果が生ずる、②ただちに物権変動の効果を生ずるのに支障があるとき（たとえば、不特定物売買、他人物売買、将来の物の売買等）は、その支障がなくなった時（不特定物が特定した時、他人物売主が所有権を取得した時、目的物が現存するに至った時等）に、当然に物権が変動する、③いずれの場合にも、当事者が物権変動の時期について特別の定めをしていれば、支障がない限り、それに従う、と解している。

これに対して、学説は、1で述べたように、当初は物権行為の独自性を認めるか否かの論争の一環として、これをおおいに争っていた（ただし、いずれの説も、当事者が物権変動の時期を定めていた場合には、その定めに従うものとしており、問題になるのは当事者の意思が明確でない場合に限られる）。

すなわち、物権行為独自性肯定説は、次のように主張する。(イ)特定物売買のごとき契約にあっても、通常は、外部的徴表を伴う行為がある時に所有権が移転すると解するのが取引の実際に合致する。(ロ)外部的徴表を伴う行為のごく一般的なものとしては、①代金の支払（売主は代金を受領するからこそ所有権を譲渡する）、②不動産については登記の申請またはそれに必要な書類の交付、③動産・不動産を問わず現実の引渡しが挙げられる。㈧外部的徴表を伴う行為は、所有権移転についての売主・買主双方の協力（意思表示）によって行われるのだから、物権契約である。ただし、この物権契約は、ドイツ法におけるそれと異なり、登記・引渡しと一体となって初めて成立するものではなく、それらの行為自体とは別個の契約である。

これに対し、物権行為の独自性を否定する説は右に掲げた判例と同様に、特段の事情のない限り、売買その他の原因行為の成立と同時に物権が変動すると解していた（その理由は必ずしも明らかにされていないが、フランス法にその旨の明文の規定があるからというだけでは日本法の解釈論として不十分であり、物権変動原因たる契約の成立によって物権変動が発生するための要件が充足されるから、ただちにその効果が発生すると説明するのが最も素直であろう）。

ところが、その後、川島博士が、末川博士の提起された視角を踏まえながらも、有償契約においては対価的給付の相互規定的牽連関係（同時履行の関係）を維持することが最も重要であるから、売買契約においては代金の支払があるまでは所有権が移転しないのが原則である（動産について引渡し、不動産について登記があれば代金支払がなくとも所有権が移転する）が、代金支払・引渡し・登記等は、債務の履行のための事実行為としてしか意識されておらず、これらの行為の時に独立の意思表示（物権行為）があったと解する必要はない（つまり、物権行為の独自性を否定しつつ、所有権移転時期については代金支払・登記・引渡時説を採る）という解釈論を提示し（川島武宜・所有権法の理論二四八頁など）、これが急速に有力化した。一般論として、法律行為の成立時期と効力発生時期が異なることを否定すべき理由は見出し難く（始期付き法律行為や停止条件付き法律行為など、具体例も多数存在している）、物権変動の時期を物権変動原因たる法律行為（債権行為または物権行為）の時に固定して考える必要はないであろう。これによって、物権変動の時期の問題は、物権行為独自性の認否をめぐる論争のコロラリーであることから脱し、独立の問題として検討の対象とされることになった。

その結果、物権変動の時期をめぐる議論の実際的意義がきめ細かに検討されることになり、一方で、川島説の提示した「有償性の原理」を基軸とした考え方をより綿密に突きつめて、代金を受領しないまま登記または引渡しがなされた場合には、売主が買主に完全な信用を与えていない限り所有権は買主に移転しないという「信用授与形態説」が提唱され（有斐閣双書・民法2〔第四版増補〕四九頁以下〔原島重義執筆〕など）、他方では、売買契約のプロセス上の各時点で所有権が売主・買主のいずれにあるかを確定することは実益もないし理論的にも不可能であるとする「確定不要説」が登場することになる（代表的なものとして、鈴木禄弥・物権法の研究一〇九頁以下）。

確定不要説の内容は、大まかにいえば、次のごとくである。売買契約当事者相互の関係は、売買契約の内容ないし契約法上の規定によってすべて処理することが可能かつ妥当である。買主と売主の債権者との関係では、買主が対抗要件を具備しているかどうかが決定的で、買主が所有者になったかどうかは重要でない。売主と買主の債権者との関係では、目的物の特定債権者は買主の登記請求権を代位行使しうるから所有権の所在を問う必要はなく、一般債権者との関係は対抗要件が決め手になる。目的物につき有効な取引関係に立たない第三者との関係では、妨害排除は妨害排除の要件の問題に帰着し、損害賠償請求の問題は債権侵害の不法行為の成立を認めれば足り、土地工作物責任は登記名義人にこれを負担させればよい。所有権移転の状態をあくまで説明しろというなら、契約締結・代金支払・引渡し・登記等の過程を通じて、なし崩し的に売主から買主に移っていくと説明してもよい。なお、売買契約関係の進行中での所有権確認請求は、確認の利益を欠き、売主からも買主からもなしえない。

この説に対しては、第一に、物権変動の時期を確定しなければ解決できない問題があるという各論的批判が加えられ（広中俊雄・物権法〔第二版増補〕五二頁以下など）、第二に、その機能主義的・実益論的方法に対する批判が加えられている（石田喜久夫・物権変動論一二八頁以下、滝沢・前掲論文五八頁など）。

3　まとめ

わが民法の採用した物権変動システムは、前述のごとく、他の諸国にはみられない複雑な問題を抱えている。これらの諸学説の相互関係を図示すると、次頁の**図**のようになる（点線は少数説）。こ

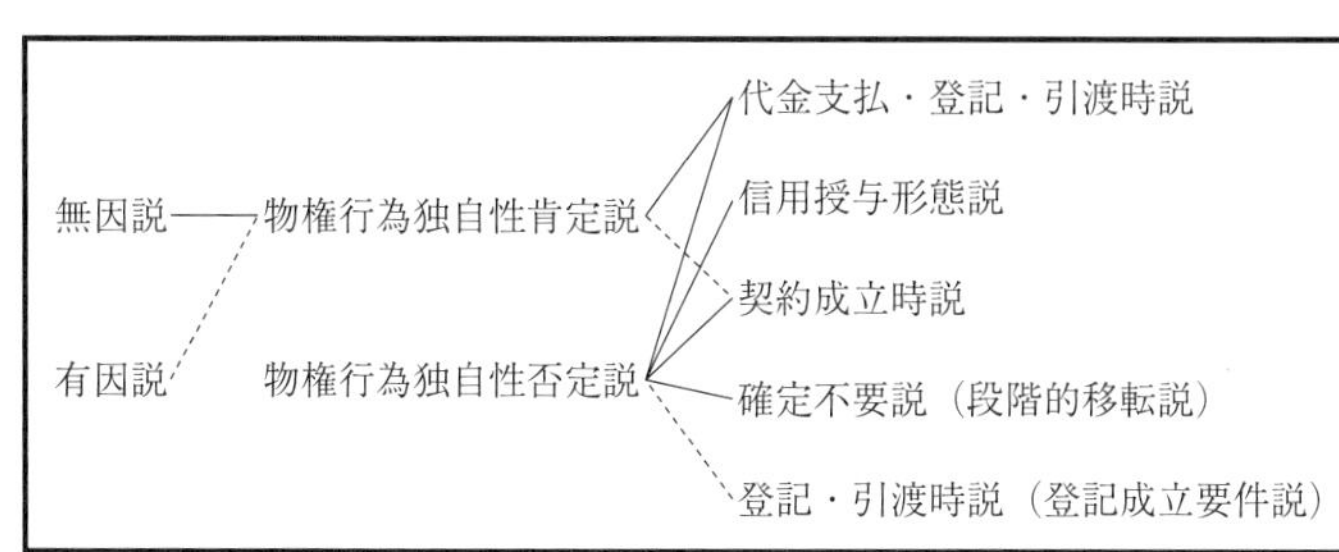

のように議論が錯綜する根本的な原因の一つに、日本民法が採用した意思主義は、最初に述べたように、公示の要請に応える点において不十分であり、それゆえに、少なからぬ学説が、より簡明で論理的な透明感のあるドイツ法的構成に傾斜したことがあるといえよう。

しかしながら、意思主義の意義をもっぱら公示の要請との関係でのみ評価することは妥当でない。意思主義に関しては、何よりも、意思自治の原則と所有権の私的性格を物権変動の場面においても貫徹するものとして、その歴史的・思想的意義が高く評価されなければならない（近代市民法原理のもとでは、形式主義を採る法制といえども、売買契約等に基づいて物権変動が生ずる根拠は「当事者の意思」に求めざるをえないであろう。また、間接的にではあるが、意思主義の原則は、売主はすでに所有権を失っているから買主からの引渡請求を拒むことはできないという形で、引渡債務の直接強制を認める根拠となることなどにより、契約の拘束力を強化する機能も有したと考える）。それと同時に、実際的な場面において、具体的利益状況に応じた柔軟な解決を導きうる仕組みとしての側面を正当に評価する必要がある。意思表示のみによる物権の変動を認めるからこそ、未登記物権取得者を不法占有者等から保護し、また、背信的悪意者排除論等により、未登記ではあるが実際に生活を営み、企業活動を展開している権利者を投機的取引の犠牲に供することを回避できているのである。先にみた物権行為の独自性・無因性あるいは物権変動の時期の問題についても、すべての学説が、当事者意思が明確である場合にはそれに従うべきことを認めていた。ということは、意思主義を採る法律制度のもとでは、すべての問題は、当事者意思の解釈の問題として適宜に処理しうることになる。

物権変動の時期をめぐる論争も、結局のところ、何が当事者の合理的な意思であるかをめぐる争いとして把握されるべきである。それでは、当事者間に特約のない場合の合理的当事者意思はどのようなものと解すればよいのだろうか。

有償性の原理を強調する信用授与形態説は、近代社会における合理的市民の一般的な意思が対価関係の維持にあることを直視するものであって、その発想の基本は正当なものと考える。しかし、この考え方によれば、所有権留保については徹底して所有権的構成を貫くべきことになるばかりでなく、何らの特約のない事案でも登記や引渡しを受けた買主の所有権取得を否定すべき場合がかなり生ずることになる。そうなると、権利関係を不明確・不安定にするのではないかという懸念が生ずる。また、民法は、代金の支払がなくても所有権は買主に移転することを前提として、代金債権を保全するために留置権や先取特権の成立を認めているのであって、こうした民法の基本姿勢とも矛盾するのではないかという疑問も生じよう。さらにまた、目的物の引渡しまたは登記の際の当事者の意思いかんによって所有権移転時期が定まるとするならば、それは結局引渡しまたは登記の時に物権行為がなされているのではないかという疑問も生じてくる。したがって、引渡しや登記がなされたのに所有権が移転していないとすることができるのは、契約の締結から登記・引渡しまでの一連の過程の中で所有権が移転していないと解すべき特段の事情が認められる例外的な場合に限られるべきものと考える。そうなると、信用授与形態説と単純な代金支払・登記・引渡時説との相違はほとんど存しないということになるであろう。

他方で、判例や伝統的通説の採る契約成立時説に対しては批判が強いが、その当否を論ずる前提として、契約の成立時期はいつかという問題が検討されるべきであろう。フランスにおいては、少なくとも不動産売買について、一般には、口頭または私署証書による合意が成立しただけでは、なお売買契約が成立したとは意識されず、公正証書の作成の時（その時に代金が支払われ、登記申請手続が開始される）に売買契約が成立し、同時に所有権が移転すると意識されている（詳しくは、鎌田「フランスにおける不動産取引と公証人の役割」早稲田法学五六巻一号三一頁以下・二号一頁以下、横山美夏「不動産売買契約の『成立』と所有権の移転」早稲田法学六五巻二号一頁以下・三号八五頁以下）。わが国の裁判例においても、不動産売買契約の成立時期は相当遅い時期に認定されているのであって（河上正二「『契約の成立』をめぐって」判タ六五五号一一頁以下・六五七号一四頁以下など参照）、こうした現実を踏まえて、上述の各説が実際問題としてどの程度の差異をもたらすかを、危険負担や損害保険契約上の権利の移転時期の問題なども含めて具体的に検討し直す必要があるように思われる（ドイツ法においても、実際上は、公証人の面前で売買契約と物権行為が同時に行われているようであり、制度面での相違の大きさに比べて、実務レベルでの差異は極めて小さいように推測される——七戸克彦「ドイツ民法における不動産譲渡契約の要式性」法学研究〔慶應義塾大学〕六二巻一二号三一一頁注(99)は、本稿初出時のこの記述を捉えて、「実務レベル」の問題ではなく「制度面」の問題であると批判する。これ以外にも、公証人の関与を基軸としてドイツ・フランス両法の共通点を強調する見解が存するが、本稿以前にすでに鎌田・前掲不動産登記をめぐる今日的課題九九頁注(8)で指摘しておいたように、今日の日本法の問題点を明らかにするためには、やはり両制度の理論構成上の相違点を明確にすることが重要であろうと考える）。この点に関する再検討の結果次第では、契約時移転説の「不都合」は大部分が氷解し、代金支払・登記・引渡時説との差異も相対化する。そうなると、結果的には、契約時移転説を基本としつつ、必要に応じて黙示の特約の認定その他の解釈技術を用いて代金支払・登記・引渡時説等の説くところを取り込むことが、最も簡明で妥当な解釈論だということになるものと考える。

なお、物権行為の無因性については、ドイツにおいても批判の強いところであり、これを採用すべき必然性を感じない。さらに、わが国では形式主義が採用されておらず、また、物権行為の独自性を否定しながら物権変動原因たる法律行為の成立時期とその効果としての物権変動の時期との間にズレがあることを認めるのに何の障害もないことをもあわせて考えるならば、今ここで、物権行為の独自性を認める必要もないであろう。

2 「対抗要件主義」の基本問題(1)——対抗問題と公信問題の区別

一 「対抗することができない」の意義

1 民法一七七条は「不動産に関する物権の得喪及び変更は、不動産登記法その他の登記に関する法律の定めるところに従いその登記をしなければ、第三者に対抗することができない」と規定する。「対抗することができない」という表現は、九三条二項、九四条二項、九五条三項、九六条三項、一一三条二項、一七八条、三五二条、四六七条、六〇五条の二第三項など民法中の随所にみられるところであって、その一般的な意味は、一定の法律事実の存在ないし法律効果の発生は否定しない（この点で無効ないし不存在とは異なる）が、その法律事実の存在ないし法律効果の発生を、第三者に向かって積極的に主張することを許さない（当事者間での主張は可能であるし、第三者の側がそれらを承認し、援用することはさしつかえない）ということである。一七七条の場合にも、基本的に、これと同じ意味で使われている。

したがって、たとえば、左上の図に示すように、A所有の甲土地につきAとBとの間で地上権設定契約が締結され、Bのための地上権が成立したが、その旨の登記がなされていない間に、事情を知らないCが甲土地をAから買い受けて占有を開始した場合には、Bは、地上権を取得してはいるが、登記をしていないために地上権の取得を第三者Cに対抗することができず、地上権に基づいてCに明渡しを請求することも認められないこととなる（ただし、Cが、地上権設定登記がなされていないことをとくに問題としないときには、Bの明渡請求がそのまま認められる）。その結果、Cとの関係ではBは地上権を取得しなかったものとして取り扱われ、Cは地上権の負担のない完全な所有権を取得することができるのである。このようにして、公示されていない物権変動の存在により第三者が不測の損害を被るという事態を回避することが可能となっている。

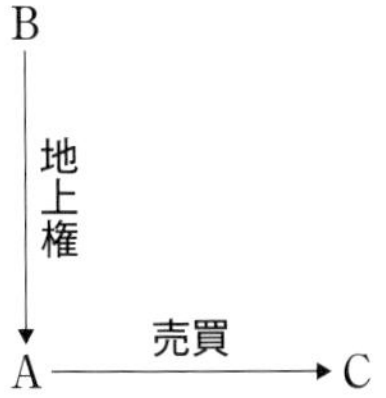

B
地上権
A　売買　C

2　しかし、この場合、Bは、AB間の合意のみによって地上権を有効に取得しており（一七六条）、その地上権をCに対抗できないとするのは、物権は誰に対してでも主張できる絶対的・排他的な権利であるという大前提に矛盾するのではないかという疑問が生じてくる。そのため、「公示なき物権の本質」や「対抗の意義」をめぐって難解な議論が展開されている。しかし、ここでは、簡単に、登記を備えない限り「物権変動」があったという事実を対抗できないだけであって、「物権」の対抗力それ自体には何の修正も加えられていないといっておこう（九四条二項や九六条三項の場合にも、善意または善意無過失の第三者には通謀虚偽表示の無効や詐欺を理由とする取消しの効果を対抗できず、それ以外の者にはこれを対抗でき、同じような状況が生ずるが、それによって表意者の所有権が排他性や絶対性の制限された特殊な所有権になったとはいわないのと同じことである）。つまり、右の設例に即していえば、ＢがＣに対して甲土地の明渡しを求める根拠は物権的返還請求権であるが、物権的返還請求権が認められるためには、Ｂは地上権を取得していることを証明しなければならないところ、登記をしていないので、Ｃに対してＡＢ間の地上権設定契約により地上権を取得したという主張ができず、その結果、地上権に基づく物権的返還請求権の成立が否定されているだけであって、Ｂの取得した地上権が対外的効力のない特殊な地上権であるといっているわけではないということである。とはいえ、Ｂは、Ｃ以外の者たとえば不法占拠者等には地上権の主張ができるのだから、客観的にみれば相対的な物権をもっているということができ、これを明快に説明するのは難しい。だが、本当に問題とされるべきなのは、右に述べたような変則的な権利状態をどのようにして矛盾なく説明するかということではなく、なぜそのような変則的な処理をしなければならないかである（これらの点につき、後掲「4『二重譲渡』の法的構成」本書六一頁以下参照）。

ちなみに、右の設例で、地上権者Ｂが登記をしないまま甲土地の占有を始めたところ、ＣがＢに対し所有権に基づいて甲土地の明渡しを求めたとすると、どうなるであろうか。ＡＣ間の所有権移転について登記がなされているときには、Ｃは甲土地の所有権取得をＢに対抗することができ、明渡請求が認容される。これに対し、ＡＣ間の所有権移転につき登記がなされていないときには、Ｃは、Ｂに対し所有権取得を対抗することができず、所有権に基づく明渡請求は退けられる。したがって、ＢＣ双方ともに未登記の場合には、ＢのＣに対する請求も、ＣのＢに対する請求も、ともに退けられることになるのである（ただし、双方未登記の場合に、先に物権を取得した者を優先させるべきであるとの少数説もある。滝沢聿代・物権変動の理論二八三頁以下参照）。

3　右に述べたような関係を比喩的にいえば、登記は洋服のようなものだということになる。つまり、ＢやＣが物権を取得した場合、登記をしていない限りは裸のままであるから、身内（当事者）の前はともかく、他人（第三者）の前には出ていくことができないが、登記という洋服を着れば他人の前にも出ていけるようになるということができる。このように、登記がない物権変動を第三者に対抗しえないものとすることによって、登記されていない物権変動は存在しないであろうという消極的な信頼を保護することが民法一七七条の最も重要な役割となっている。

二　対抗問題と公信問題の区別

1　登記は物権変動が人前に出ていくために着る洋服のようなものであるということは、登記には有効に成立した物権変動を第三者に対抗できるようにするという補強的な（権利創設的ではない）効力しかないということを意味する。物権変動は存在していないのに登記だけがある場合には、あたかもハンガーに洋服がぶら下がっているようなもので、洋服が人前に出ていって人間のように振る舞ってみたり、洋服から人間が生まれてくることがありえないように、登記がなされていることのみを理由として、そこから物権や物権的請求権が発生してくることはありえないのである。

たとえば、Xが乙建物を新築して、その所有権を原始的に取得し居住しているが、所有権保存の登記はしていなかったところ、Yが乙建物につき勝手に自己名義の登記をした上で、Xに対して乙建物の明渡しを請求してきたとしよう。この場合、Yの明渡請求の根拠としては物権的返還請求権以外には考えられず、物権的返還請求権は占有権原を有する物権者にしか認められないのだから、物権を取得していないYについて、Xに対する明渡請求を認める余地はない。虚偽登記の名義人であるYを乙建物の真実の所有者と誤信したZが、これをYから買い受けて所有権移転登記をした上で、Xに対し乙建物の明渡しを請求してきた場合にも、Yが無権利者である以上、YからZに所有権が移転するわけはないのだから、同様に、Zのために物権的請求権が成立することもありえないこととなる（左上図参照）。これらの場合には、確かに登記はあるが、登記を備えることで対抗すべき物権変動が存在しないのだから、YやZが自分の権利を正当化するために一七七条を援用する余地はないのである。

なお、このように、無権利のYやZが登記を備えてみても物権に基づく主張ができないのだとしたら、これとは逆に、Xの方からYやZに対して所有権に基づいて無効な登記の抹消を請求した場合にも、YやZがXは登記をしていないではないかと主張する（これを「登記の欠缺〔けんけつ〕を主張する」という）ことでXからの請求を免れるのは認めないのが妥当であろう。Yの違法な行為に責任逃れの口実を与えるために一七七条の適用を認める必要はないし、無効な登記を抹消させないでそのまま放置しておくことは第三者に不測の損害を被らせる危険性を著しく高めることにもなる。そのうえ、現行不動産登記法上、YやZの登記が存する場合には、これと矛盾するX名義の登記をすることはできないものとされているので、Xは、登記を備えていないままで、無権利者Y・Zに対し、物権的妨害排除請求権を行使して、YやZの虚偽・無効の登記の抹消を請求できるものとしなければ、X名義の登記をすることができないのである。そのため、判例・通説は、民法一七七条の第三者の範囲につ

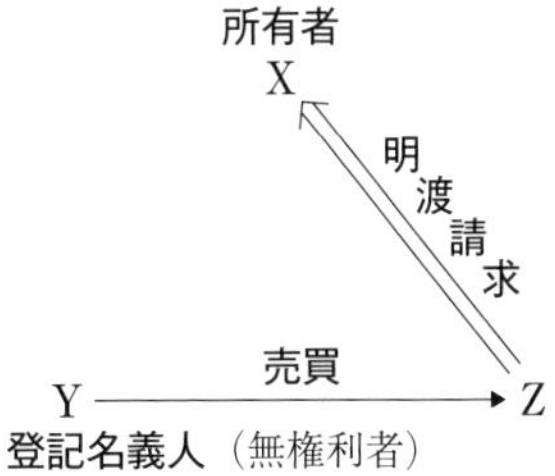

き「実質的無権利者およびその者からの承継人は登記の欠缺を主張しうる正当な利益を有する第三者に該当しない」と解している。

その結果、真実の所有者と全くの無権利者との争いにおいては、無権利者が登記を備えても、それだけでは何の権利も取得できず、何も「対抗」できるようにはならないのに対し、真正権利者は無権利者およびその承継人に対して登記なしに所有権取得を「対抗」しうることとなる。

2　**一**において述べたBとCとの争いの事例では、有効に成立している物権変動を第三者に対抗できるようにするという登記の効力（対抗力）が問題とされていた。これに対し、右のXとY・Zとの争いの事例では、YやZは所有権を取得していない（対抗すべき権利を有していない）し、Xは登記なしに所有権取得をY・Zに対抗できるので、登記の「対抗力」が問題となる余地はない。この場合に、実体に合致しない登記を真実のものと誤信したZを保護しようとするならば、虚偽の登記を真実のものと信頼して取引関係に入った第三者に登記簿の記載が真実であったら取得できたであろう権利を取得させるという特別の効力（これを登記の「公信力」という）を認めなければならない。しかしながら、判例・通説は、民法一七七条の解釈論として、登記に「公信力」を認めることはできないと解しているのである[1]（前述の「無権利者の特定承継人は一七七条の第三者に該当しない」という原則は、登記に「公信力」がないということを裏面から表現したものにほかならない）。

このように、判例・通説に従うと、**一**に掲げたBとCとの争いのように、物権変動が有効に生じていることを前提として、その効力を第三者に対抗することができるかという問題（対抗問題）と、XとZとの争いのように、外観上は正当な所有者のようにみえる無権利者からの譲受人が所有権を取得しうるかという問題（公信問題）とは明確に区別されており、前者については、一七七条に基づいて登記の有無・先後によって権利関係の優劣が決定されるのに対し、後者については、登記の有無・先後は問題解決の決め手にはなしえないことになる。したがって、不動産物権変動の効力ないし不動産物権変動相互間の優劣が争われている問題について考える場合には、何よりもまず、その問題が一七七条によって解決されるべき性質の問題（対抗問題）か、それとも、無権利者からの譲受人の保護の問題（公信問題）なのかを見極めることから始めなければならない。

三 対抗問題と公信問題を区別する基準とその問題点

1 右に概観した判例・通説のような考え方を採るときには、「対抗問題」と「公信問題」とを区別する基準を明確にする必要がある。

対抗問題とは何かという問題をめぐってはさまざまな議論がなされている（その概要について、原島重義「『対抗問題』の位置づけ――『第三者の範囲』と『変動原因の範囲』との関連の側面から」法政三三巻三～六号四三頁以下、川井健「対抗の意義と機能」不動産物権変動の公示と公信一頁以下、星野英一「物権変動論における『対抗』問題と『公信』問題」民法論集六巻一二三頁以下など参照）。しかし、一般的な基準の定立は必ずしも成功していないように思われるので、これに深入りすることは避けたいが、大多数の学説は、少なくとも次のような点ではほぼ見解を一にしている。

すなわち、甲乙間で生じた物権変動を丙に対抗するという場面を想定するならば、すでに述べたところからも明らかなように、①甲乙間の物権変動が有効に生じていなければ対抗すべき物権変動がないのだから「対抗問題」とならず、②丙が不実登記の名義人である場合など甲乙間の物権変動の登記の欠缺を主張してみたところで自らの立場を正当化することのできない者である場合には、丙に甲乙間の物権変動の登記の欠缺を主張させることは有害無益であるから「対抗問題」とはなりえない。したがって、「対抗問題」とは、甲乙間で有効に物権変動が生じており、丙もまた同一の目的物に正当な物的利害関係を有しており、両者が「食うか食われるか」の関係にある場合をいい、二重譲渡はその典型である。ただし、乙丙間の争いを「対抗問題」として登記の具備の有無・先後によって解決するということは、登記をしていないことを理由として乙の権利を失わせることにほかならないのだから、乙が登記をしていないことがやむをえないと認められる場合にまで一七七条を適用する（登記をしていないことを理由に権利を喪失させる）ことは妥当でない。

そこで、具体的に一七七条の適用範囲を確定するためには、①どのような「物権変動」が登記をしなければ第三者に対抗することができないのか（登記がなければ対抗できない物権変動の範囲）、②

どのような「第三者」は登記の欠缺を主張する正当な利益を有しているか（登記がなければ対抗できない第三者の範囲）の二つの側面から検討しなければならないこととなる。

2　ただし、右に紹介したような判例・通説の考え方に関しては、次のような問題点が指摘されている。

すなわち、判例・通説によれば、甲が同一の不動産を乙と丙とに二重に譲渡した場合が最も典型的な対抗問題であるとされているが、民法一七六条によれば、意思表示のみで所有権は移転するものとされているのだから、甲乙間で所有権が移転した場合には、その登記がなされていなくても甲は無権利者となっており、第二譲受人丙は無権利者からの承継人であって、乙丙間の関係は真正権利者と無権利者との争いにほかならず、対抗問題とはなりえないのではないかという疑問が生ずる。こうした疑問から出発して、一七七条は登記に公信力を認めているとする説（公信力説）も主張されているが、[(2)] このような議論を認めると、対抗問題と公信問題との区別を前提とする判例・通説の立脚点が覆ることになってしまうため、判例・通説の立場からは、乙も丙もともに有効に甲から所有権を承継取得しているという説明をしなければならなくなる。これが「二重譲渡の法的構成」と呼ばれる問題であり、その概要については、項目を改めて後に検討する（本書六一頁以下）。

3　すでに繰り返し述べたように、判例・通説によれば、民法一七七条は無権利者からの譲受人を保護するためには機能しない。しかし、それでは登記に対する信頼は確固たるものとならず、不動産取引の安全を確保することができない。そこで、判例・通説は、この限界を克服するために、しばしばやや強引な論理操作を行って、民法一七七条の適用範囲を拡張してきた（たとえば、後述の「7法律行為の取消しと登記」や「8相続と登記」の問題に関連して、取消し後の第三者や、遺産分割後の第三者を保護するために、取消しや遺産分割の遡及効を無視して二重譲渡類似の関係があるから対抗問題であるとしている）。しかし、この手法によるときは、論理上の難点があるばかりでなく、拡張の可能性に限界があって登記を信頼した第三者を常に保護しうるとは限らないし、逆に、これを適用しうる場合には悪意の第三者まで保護するという不都合を生じさせてしまう。

ところが、昭和四〇年代以降、民法九四条二項を類推適用することによって実体に合致しない登記を真実のものと信頼した善意の第三者を保護する判例理論が急速に確立し、これが一七七条の解釈論に多大の影響を与えることとなった。九四条二項類推適用論の詳細については改めて別の機会に説明することとせざるをえないが、一言でいえば、「相手方と通じてした虚偽の意思表示」が存しないときでも、①真実とは異なる登記が存在すること、②その登記が何らかの意味で真実の権利者の意思に基づいて作出または放置されていること、③第三者が善意（場合によって善意無過失）であること、の三要件が充足された場合には、真正権利者は、善意の第三者に対して、その登記が虚偽仮装のものであって自己が真実の権利者であるという主張をすることができないというものである（川井健「民法九四条二項類推適用論」不動産物権変動の公示と公信六五頁以下、鎌田「通謀虚偽表示」川井＝鎌田編・基本問題セミナー民法Ⅰ四四頁以下）。なお、一般に、九四条二項の類推適用は、あくまで虚偽仮装の権利外観を作り出したことの責任を問題にするのであって、登記に対する信頼を積極的に保護するわけではない点で登記に「公信力」を認めたのとは異なっていると説明されている。

いずれにしろこれによって第三者保護の可能性は著しく拡張されたが、それ以上に重要なことは、第一に、法律構成上の問題として、公信問題についても第三者保護の途が開けたことにより、たとえば前示の取消し後の第三者や遺産分割後の第三者との関係のように、もっぱら第三者保護の観点から論理構成上の無理を承知で「対抗問題」として処理していた問題を「公信問題」として解決することが可能となり、対抗問題と公信問題の区別についても、見直しがされるようになってきたことである。第二には、実質的な価値判断との関係で、九四条二項の類推適用の根拠は真実の権利者が虚偽仮装の登記を除去しようと思えばできたのにそれをしなかったということであり、一七七条によって物権の対抗を否定される根拠も登記をなしうるのにそれをしなかったところに求められると解されることから、両者の第三者保護要件の違いをいかにして正当化しうるかという問題（とくに第三者の善意・悪意の問題）が強く意識されるようになってきたことに留意する必要があろう。

以上述べてきたような諸点を意識しつつ、以下、「登記がなければ対抗できない第三者」および「登記がなければ対抗できない物権変動」の範囲に関する基本的な事項について概括的な説明をし、それを踏まえて個別的な重要論点（背信的悪意者、取消しと登記、相続と登記、時効と登記）について、それぞれ独立の項目を立てて少し踏み込んだ検討を加えることとしよう。

（1）一般に、「対抗力」は、登記されていない物権変動は存在していないという消極的な信頼を保護するものであり、「公信力」は、登記されている物権変動は実際にも存在しているはずだという積極的な信頼を保護するものだといわれている。こうした対比には現象論以上の意味はないということもできそうであるが、実際的な考慮として、次のような点での相違には注意をしておく必要がある。

すなわち、登記名義人から不動産を買い受けようとする者は、登記簿の記載を手がかりに登記名義人が本当に所有権を取得しているか否かを前主に問い合わせるなどして確かめることで、無権利の登記名義人を真正権利者と誤信して取引をすることを回避しうる（こうした調査の手がかりを与えるのが登記制度の第一の使命であり、調査をなすべき期間を限定するのが取得時効制度であるということができ、諸外国では、実際に登記簿を手がかりにして取得時効に必要な期間を充足するまで過去に遡って売主の権原の調査が行われている）。それゆえ、登記に公信力を認めなくても、登記名義人（実は無権利者）と取引をしようとする第三者が害される危険性は少ないということができる。これに対して、登記されていない物権変動は、その存在を第三者に知らしめる徴表が存在していないので、すでに所有権を失っている登記名義人を未だに所有権を保持しているものと誤信して取引をする事態の生ずることを回避することができない。したがって、この場合には、登記をしていない物権変動は第三者に対抗することができないとすることによって、未登記物権変動の存在を知らない第三者に不測の損害を与えることを防止することが必要になる。

また、二重譲渡の第一譲受人は権利を取得すると同時に登記をしようと思えばできるのだから、これをしないで放置している間に第二譲受人が登場して先に登記を備えてしまうことを自らの努力によって回避することができる。したがって、不動産物権を取得した者に、登記をしなければ第三者に対抗できないという制裁を課しても酷とはいえない。これに対し、自己名義で登記した不動産について第三者が勝手に名義を書き替えて善意者に転売して移転登記をしてしまうという事態を回避しようと思うなら、不動産所有者は四六時中自己の所有する不動産の登記簿を監視し続けなければならない。これは実際上不可能であるから、登記に公信力を与えることによって善意の第三取得者を保護する（反射的に真正所有者の権利を失わせる）ことは、真正権利者に酷な結果となる。したがって、登記に公信力は認めないが対抗力だけは認めるという立法政策には、それなりの合理的根拠があるということができよう。

(2) 公信力説と呼ばれている学説にも多種多様なものがあるが、共通しているのは、第二譲受人は、譲渡人が所有していた権利を承継取得するのでなく、譲渡人が依然として所有権を保持しているという外観（登記）に対する信頼を保護するために法律によって所有権が付与されるものと理解し、それゆえに、一七七条によって保護される者は善意ないし善意無過失でなければならないと主張する点である（公信力説に対する批判として、しばしば動的安全の保護に偏重しているという趣旨のことがいわれるが、少なくとも二重譲渡類型の紛争の処理に限っていえば、善意〔無過失〕の第二譲受人しか保護しないのだから、他のどの説よりも静的安全の保護に傾いていることは明らかであろう）。なお、私は、公信力説の問題提起を基本的に正当なものと受け止めている（ただし、右の注(1)に述べたこととの関係上、真正権利者が正しい登記をしていないことにつき帰責事由があることという要件を付加しなければならないと考えている。鎌田「不動産二重売買における第二買主の悪意と取引の安全」比較法学九巻二号一一八頁以下参照）が、文理解釈上は、①一七七条の文言は物権変動が有効に存在していることを前提としていると解され、登記を信頼した者に所有権を取得させる旨を一般的に規定したものとは読み難いこと、②一七七条を登記に公信力を認めた規定と解すると、一七八条も占有に公信力を認めたものと解さざるをえず、一七八条のほかに一九二条が設けられていることの理由および両者の関係などを説明し難くなること、③一七七条の第三者が常に善意無過失でなければならないとすると、不登法五条の説明に若干の困難が生ずること（ただし、鎌田「対抗問題と第三者」民法講座2七八頁も参照せよ）、などの難点があることは否定できない。

3 「対抗要件主義」の基本問題(2)——一七七条の適用範囲

一 登記がなければ対抗できない「第三者」の範囲

1 第三者の範囲は制限されるべきか

(1) 「第三者」とは、一般に、当事者およびその包括承継人以外のすべての者を意味するものとされている。しかし、その一方で、民法九四条二項、九五条四項、九六条三項、五四五条一項ただし書、九〇九条ただし書などの「第三者」については、それぞれの制度の趣旨に応じて、その範囲を限定する解釈がなされている。それでは、一七七条にいう「第三者」は、前者のように広い意味で解釈すべきか、それとも後者の場合と同様に狭い範囲の者に限定されていると解すべきであろうか（この問題につき、より詳しくは、鎌田「対抗問題と第三者」民法講座2六七頁以下を参照されたい）。

一七七条の第三者を一定の範囲の者に限定すると、ある者に対する関係ではAが所有者であり、別の者に対する関係ではBが所有者であるというような事態が生ずることになり、権利関係を複雑にするばかりでなく、物権の絶対性等の概念にも反することになる。しかし、わが民法の母法とされるフランス法は、明文の規定をもって、第三者の範囲を目的不動産上に両立しえない権利を取得し、かつ、登記を備えている者に限定し、さらに、わが国の旧民法は、これに加えて、悪意者は登記の欠缺を主張しえないものとしていた。

(2) このように、登記がなければ対抗できない第三者（登記の欠缺を主張しうる第三者）の範囲については、多様な考え方が成り立ちうるが、現行民法の起草者は第三者の範囲は制限されるべきではない（本来ならば形式主義が採られるべきであるが、登記慣行の定着していない民法制定当時の状況のもとでは、当事者間でも登記なしに物権変動を対抗しえないとすることは頑なに過ぎ、その実益もないから、例外的に当事者間でのみ登記なしに物権変動を対抗しうるようにした）と考えていたようである。

しかし、このように第三者の範囲を無制限とする考え方（第三者無制限説）は、実際上、多くの不都合を招来する。たとえば、最も単純なケースを考えてみると、未登記建物が放火によって焼失した場合、その被害者は、登記をしていない（建物がなくなっているから新たに登記することもできない）から、加害者に建物所有権の取得を対抗することができず、したがって、所有権侵害の不法行為を理由とする損害賠償の請求ができなくなってしまう。登記制度は、取引の安全のために設けられた制度で、不法行為者の責任を免れさせる制度ではない。また、無権利者からの譲受人もまた一七七条の第三者に含まれると解するならば、真実の所有者は無権利者から悪意で目的物を譲り受けた者に対しても自己の所有権を主張しえないことになって、結果的に、登記に公信力を認めた以上の過大な効果を付与することになってしまうのである。

その結果、判例も、比較的早い時期に、一七七条の第三者とは「当事者もしくはその包括承継人以外の者で、不動産に関する物権の得喪変更の登記の欠缺を主張する正当な利益を有する者」をいうとして、第三者の範囲を制限する立場（第三者制限説）を採ることを明らかにした（大連判明41・12・15民録一四輯一二七六頁）。学説も、右連合部判決直後には一時期、無制限説を主張するものが有力となったが、今日では、すべての学説が第三者の範囲を制限すべきものと考えている（右連合部判決の意義につき、川井健「民法一七七条第三者制限説判決」民法判例と時代思潮三一頁以下参照）。

(3) それでは、具体的にどのような者が一七七条の第三者として登記の欠缺を主張することができるのであろうか。第三者の範囲を制限する基準についてもさまざまな説が主張され、激しく争われているが、結局のところ、個別的な類型ごとに第三者の範囲に入るか否かを検討し、その結論を包括的に説明しうる表現をもって「一般的基準」としているのが実際であるといって過言でないと思われるので、ここでは個別的な類型ごとの整理をすることを主眼とし、抽象的基準自体を詮索することには深入りしないこととする。

この点を考える際には、①目的物につきどのような権利ないし法的地位を有する者が登記の欠缺を主張しうるかという第三者の「客観的要件」の問題と、②客観的要件を充足する者が未登記物権変動の存在につき悪意であっても登記の欠缺を主張しうるかという第三者の「主観的要件」に関する問題とを区別する必要がある。

2 第三者の客観的要件

(1) 一七七条の第三者とは「登記欠缺ヲ主張スル正当ノ利益ヲ有スル者」をいうとして、第三者の範囲につき制限説を採った前掲の明治41年連合部判決は、その理由として、①「対抗」ということは彼此利害相反するときにのみ生ずるものであるから、当該物権変動につき利害関係を有しない者は第三者に該当せず、②物権変動を公示することによって同一の不動産に関して正当な権利もしくは利益を有する第三者に不測の損害を与えないようにするという本条の趣旨に照らして保護に値しない利害関係しか有しない者も第三者の範囲から除外されるべきであるといい、③「第三者」に該当する者として、同一不動産に関し所有権、抵当権等の物権または賃借権を正当な権原によって取得した者、差押債権者、配当加入債権者などを例示し、④これに該当しない者として、同一不動産につき正当な権原によらずして権利を主張する者、不法行為者などを挙げていた。

(2) 今日の学説も、おおむねこの考え方に従っているが、右の①の趣旨をさらに発展させて、民法一七七条は意思主義のもとで不可避的に生ずる二重譲渡およびこれに類する関係（対抗問題）にのみ適用されるべき規定であるから、対抗関係に立つ者のみが第三者に該当し、対抗関係に立たない者は「制限」を加えるまでもなく、もともと第三者に当たらないとする「対抗問題限定説」と、あらかじめ「対抗問題」の意義を確定し、そこから第三者の範囲を演繹するのではなく、個々の紛争類型ごとに具体的利益衡量を行って一七七条適用の当否を判断することで帰納的に第三者の範囲を決めていけばよいとする傾向の学説（おおむね判例の結論を支持する）とが対立している。

しかし、次頁の表に示すように、この論争は、見かけ上の激しさにもかかわらず具体的結論にはそれほど大きな差を生じさせていない。実際上、論争の対象となっているのは、賃貸不動産の譲受人が賃借権の存在それ自体は肯認した上で賃料請求や解約の申入れなど賃貸借契約上の権利を行使する場合に、賃借人が賃貸不動産譲受人の登記の欠缺を主張しうるかという問題に限られているといってよい。判例・通説は、この場合の賃借人も真実の債権者を確知する正当な利益を有しているし、賃貸人が目的不動産を二重譲渡した場合などに賃借人に不測の損害を与えかねないなどとして、一七七条の適用を肯定する。これに対し、対抗問題限定説は、賃貸不動産の譲受人は賃借権の存在を否定しているのではなく、それを肯認した上で賃貸人としての権利を行使しているのだから物的支配を相争う関係にあるとはいえないこと、賃借人の保護は準占有者に対する弁済または供託によって図りうること、債権者を確知する利益を保護しようとするなら不法行為者も第三者の範囲に含めることになる等を理由にして一七七条の適用を否定する（したがって、第三者の範囲に関する一般的基準につき、前者の説は賃借人を含めつつ、不法行為者を排除するために「正当な取引関係のある者」

第三者の類型			判例・通説	対抗問題限定説	備考
物権取得者			○	○	
債権者	賃借人	賃借権否認	○	○	
		賃料請求等	○	×	
	所有権移転請求権者		○	×	
	差押債権者		○	○	否定説も少数存する
	配当加入債権者		○	○	否定説もごく少数ある
	仮処分債権者		△	△	被保全権利の性質による
	一般債権者		×	×	肯定説もごく少数ある
輾転譲渡の前々主			×	×	
無権利者・その承継人			×	×	公信力説は肯定する
不法行為者・不法占拠者			×	×	

といい、後者の説は「物的支配を相争う関係にある者」といって右の場合の賃借人を排除する)。ここでは、賃借人が賃貸人の地位の移転を確知する方法はいかにあるべきかという問題を、賃貸人の地位は原則として賃貸不動産の所有権に付随するという原則との関連において検討しなければならず、解決

に困難が生じていた。賃料債権のみの譲渡も可能であることを勘案すれば、賃貸不動産譲渡人からの通知（債権譲渡の対抗要件）さえあれば、登記を備えていなくても、賃貸人たる地位の移転を賃借人に対抗しうると解してさしつかえないように思われるが、平成二九年改正法は、判例・通説に従って、登記必要説を採る旨の明文の規定（六〇五条の二第三項・六〇五条の三）を新設した（ただし、登記必要説を採ると、登記を備えていない賃貸人に対する賃料の支払は効力がないことになると誤解してはならない。第三者の側が未登記物権変動の効力を認める〔登記の欠缺を主張しない〕ことは自由だからである）。

(3)　第三者の客観的要件に関する諸原則のうち、解釈論上最も重要な意義を有するものは、実質的無権利者の特定承継人は第三者に該当しないという原則である。これが登記に公信力がないという原則を裏打ちするものであることについてはすでに述べた。しかし、この原則を厳格に貫くと、真実の権利者は実体に合致しない登記を放置しておいても常に保護され、不実の登記を真実のものと誤信した第三者は権利を取得できず、取引の安全を著しく害するばかりか、登記制度それ自体に対する信頼を揺るがすことにもなってしまう。

かつては、相続と登記など一定の場合に、登記に公信力がないという大原則を維持しながらこの不都合を是正するために、不実の登記名義人にも何らかの権利があり、それが第三者に移転したと擬制することで一七七条を適用するという解釈技術がとられていた。しかし、こうした解釈論に対しては、原島教授によって、対抗問題と取引の安全・第三者保護の問題を混同するものだとする鋭い批判が加えられ（原島重義・注民⑹二七六頁以下および同所引用文献参照）、やがて、九四条二項類推適用判例が確立したことにより、今日では、多数の学説が、実質的無権利者からの承継人を保護する場合には、一七七条を「転用」することをやめ、九四条二項類推適用論によることとしている（その具体的な適用例については、「登記を要する物権変動の範囲」の問題に関連して述べる。後述二）。

3　第三者の主観的要件

⑴　不動産登記制度が、公示されていない物権変動の存在によって第三者が不測の損害を被ることを防止しようとするものであるならば、未登記物権変動の存在を知っている悪意の第三者は、不測の損害を被るおそれはないのだから、これに一七七条による保護を与える必要はないということができる。旧民法においては、こうした考え方から第三者は善意であることを要するとされていた。

しかし、現行民法一七七条は、単に「第三者」とのみ規定して、善意・悪意といった主観的要件に関する文言を付していない。この点につき、民法起草者は、登記は公益に基づく公示法である以上、絶対的なものでなければ効を奏することができないから、あえて善意・悪意を問わないことにしたと説明し、不動産登記法の制定に際しても、一七七条が第三者の善意・悪意を問わないことにしたから、悪意者のうちとくに悪質な者を例外的に第三者の範囲から除外するために旧四条・五条（現行五条一項・二項）の規定を設けることにしたと説明されていた（鎌田・前掲民法講座2七四頁以下参照）。

(2)　このような立法の経緯に照らし、立法者が第三者の善意を要求していないことは明らかであろう。判例・通説も、民法制定以来一貫して、善意悪意不問説を採り続けてきた。

しかしながら、他人がすでに所有権を取得していることを十分に承知していながら、その登記の欠缺につけ込んで、二重譲渡をそそのかし、廉価でこれを取得して先に登記を備えることで不当な利益をあげようとする者まで保護する必要があるかは疑問であり、現行法のもとにおいても一七七条の第三者は善意でなければならないとする説（悪意者排除説）が少数ながら有力に主張されてきたし、善意悪意不問説を採る伝統的通説も、さまざまな形で具体的な衡平を実現するための方策を模索していた。こうした中で、最高裁は、昭和四〇年代以降、両者の中間ともいうべき「背信的悪意者排除説」を採用するに至り、これが今日の判例・通説を形成している。最近では、これらを踏まえつつ、さらにその趣旨を発展させて単純悪意者あるいは善意有過失者まで排除すべきであるという学説も有力に唱えられるに至っている。

第三者の善意・悪意をめぐる議論は、登記制度のあり方に関する根本的な理解の相違に深くかかわっているし、実際上の重要性も認められるので、項目を改めて後に詳しく検討することとしよう（本書七六頁以下）。

二　登記を要する「物権変動」の範囲

1　無制限説と制限説

(1)　不動産物権変動は、どのような「原因」によるものであってもすべて登記をしなければ第三者に対抗できないのであろうか。権利関係を正確に公示するためには、すべての物権変動が登記されていることが望ましいのは明らかであるが、ここで問題とされているのは、どのような原因の物権変動もすべて登記をしていなければ「対抗不能」という制裁を加えられるべきかという点である（登記制度の理想ないし政策上の必要からいかなる事項を登記させることが望ましいかという問題〔不登法七六条の二など参照〕と、いかなる事項は登記しなければ対抗不能とされるかという問題とは明確に区別されるべきであることにつき、原島重義＝児玉寛・新版注民(6)四六九頁参照）。

初期の判例は意思表示による物権変動に限ると解していたが、大審院は、一七七条の第三者の範囲を制限した連合部判決と同じ日に、不動産物権変動は、その原因のいかんを問わずすべて登記なくして第三者に対抗しえない旨を述べる連合部判決を下して（大連判明41・12・15民録一四輯一三〇一頁）、従前の判例を変更して物権変動原因無制限説を採用し、これが今日まで踏襲されている。

このようにすべての物権変動に対抗要件としての登記を要求する制度は諸外国に例をみない。というのも、たとえば、死亡相続を原因とする不動産の取得も登記をしていないと第三者に対抗できないとすると、相続財産中の不動産につき所有権を主張しうる者が誰もいない瞬間が生じてしまうのに対し、それが登記されていないからといって死者が二重譲渡をするといったような不都合が生ずる可能性は認められないのだから、死亡相続の登記をしなかったことを理由として相続による不動産取得の効力を否認するというような制裁を加える必要はないからである（令和三年の不登法改正により、相続によって不動産の所有権を取得した者に所有権移転登記申請の義務が課されることになった〔不登七六条の二〕が、これは所有者不明土地の発生を抑止するために設けられた公法上の義務であって、相続による所有権移転の私法上の効果に影響は及ぼさない）。ところが、わが国では、かつて生前相続の制度があり、相続開始後に被相続人が二重譲渡を行うなどの不都合が生ずるため、少なくとも生前相続については登記をしなければ第三者に対抗できないとする必要があった。前掲連合部判決はこのことを正当化するために、相続その他の法律の規定による物権変動もまた登記をしなければ第三者に対抗することができないという一般的な説示をし、この一般的な説示の部分が判例の原則として踏襲されることになったものと解される（原島重義「『対抗問題』の位置づけ――『第三者』の範囲と『変動原因の範囲』との関連の側面から」法政三三巻三～六号四三頁以下など参照）。これによって、すべての物権変動は登記がなければ第三者に対抗することができないとして、あらゆる物権変動について登記を備えるべきであるという公示の理念を強調する一方で、具体的な紛争の解決にあたっては、前述の第三者制限説に基づいて登記の欠缺を主張する正当な利益を有するか否かを判定することによって具体的な妥当性を確保するという独特の仕組みができあがった。

(2) しかしながら、ある種の物権変動については、常に登記なしに第三者に物権変動を対抗しうる結果になるため、登記がなければ対抗しえない物権変動の範囲も実際には無制限ではないという指摘がなされ、その範囲をいかに確定すべきかが議論の対象となった。

もっとも、それらの場合も、登記がなければ対抗しえない「第三者」が登場する可能性がないから、常に登記なしに第三者に対抗することが可能とされているだけであって、すべての「物権変動」が登記をしなければ第三者に対抗しえないとする判例の原則が修正されているわけではないことに注意を要する。たとえば、建物の新築によりAが所有権を原始取得した場合、所有権の対抗が問題となる場面としては、不法占拠者等に所有権侵害を理由として妨害排除や損害賠償の請求をする場合や、全くの無権利者Bが所有者と僭称してこれをCに譲渡した場合にAがCに対して所有権の主張をする場合などが考えられるにすぎず、それらの不法占拠者や無権利者からの承継人は一七七条の「第三者」に該当しないから、結局、Aは、誰に対してでも登記なしに所有権取得を対抗することができる結果となる。学説の多くは、これを、新築による所有権の原始取得は「登記を要しない物権変動」であると表現するけれども、判例の原則に従って、新築による所有権取得も「登記を要する物権変動」であるが「登記がなければ対抗できない第三者」が登場することはないといってみても具体的な結論の差は生じない。

そのため、一七七条の適用範囲を確定するためには「第三者の範囲」のみを論ずれば足り、「物権変動の範囲」を論ずる必要はないという指摘もなされており、少なくとも判例理論の理解としては正当なものと評価することができる（ただし、対抗問題限定説によれば、第三者の範囲を「制限」するという発想自体が誤りであって、対抗問題を生じる余地のない物権変動については最初から一七七条の適用の可能性がないのであって、第三者を制限するまでもないと論ずべきことになる）。

これらの点を検討するためにも、代表的ないくつかの問題を素材にして、具体的な問題状況を概観することが有益であるが、その詳細については後にそれぞれ独立の項目を立てて述べることとして、ここでは判例およびその問題点の概要を指摘するにとどめる。

2　意思表示による物権変動——取消しと登記

(1)　意思表示によって物権変動が生ずる場合には、その際に登記をすることが可能であるから、原則として常に登記をしなければ第三者に対抗することができないとすることができた。しかし、物権変動の効果が遡及的に生ずる場合で、あらかじめ仮登記（不登一〇五条参照）等によって備えをしておくことができないときは、物権変動原因たる意思表示の時期よりもはるか以前に物権変動が生じていたこととなり、微妙な問題を生ずる。不動産物権変動の原因となっている法律行為が取り消されたことによって取消者が物権を回復したことを当該物権の転得者に対抗するには、取消しによる物権回復の登記を備えていることを要するかという問題が、その典型である。

判例は、取消し前に利害関係を有していた第三者に対する関係では登記なしに取消しによる物権の回復を対抗することができるが（ただし、九六条三項等の第三者保護規定が適用される場合を除く）、取消し後に利害関係を有するに至った第三者に対する関係では、登記を備えていなければ物権の回復を対抗することができないとしている（大判昭4・2・20民集八巻五九頁、大判昭17・9・30民集二一巻九一一頁など）。

(2) このような判例理論に対しては、大きく次の三つの批判がある。

① 判例は、取消し前の第三者との関係では取消しの遡及効を肯定して転得者は遡及的に無権利者からの承継人となるから登記の欠缺を主張しえないとし、取消し後の第三者との関係では、取消しの遡及効を否定して取消しによって新たな復帰的物権変動が生じ、これと第三者への譲渡とが二重譲渡類似の関係になるから一七七条が適用されるとしており、論理的な一貫性がない。

② 判例の原則によると、取消し後の第三者は悪意であっても登記の欠缺を主張でき、登記に公信力を与えた以上の過大な保護を与えることになって適切でない上に、取消し前の第三者は、九五条四項や九六条三項が適用される場合を除いては、善意無過失であっても保護されていないことに比べて著しく均衡を失している。

③ 判例の原則によると、取消権者は転得者その他の第三者が登場した後まで取り消さないでい

た方が有利になってしまうが、取り消せるのに取り消さないでいた者を善意無過失の転得者の犠牲において保護する必要はない（この点については、いつ取り消すかは取消権者の自由であるから、この批判は成り立たないという説も有力である）。

(3) 右の①の批判に対しては、取消しの前後を通じて遡及効を貫徹させ常に転得者を無権利者からの承継人として取り扱うか、一貫して遡及効を制限して常に対抗問題とするかのいずれかの途しかない。

しかし、前者の説（無権利説・遡及的消滅説）を採ると、取消者はいったん取消しの意思表示さえすれば、それ以後は登記なしに転得者に物権の回復を対抗できるようになって、第三者に不測の損害を与えるばかりでなく、登記制度そのものに対する信頼を揺るがせることにもなりかねない。これに対し、後者の説（対抗問題説・復帰的物権変動説）を採ると、取消権の行使が可能になる前に目的物が転売されて登記も移されてしまうと、取消権を行使してみても目的物を取り戻すことができなくなって、取消制度の趣旨を没却する。

判例が、理論的一貫性を無視してまでも、取消し前の第三者に対する関係と取消し後のそれとを区別していたのは、右に述べたような両者の不都合を是正して、取消制度と登記制度の調和を図るためだったのである。なお、取消しの時を基準にしてその前後で取扱いを異にすることの正当化の根拠は、取消しの時までは取消しによる物権回復の登記ができないのだから対抗問題として処理する（登記の欠缺を理由に権利を失わせる）ことはできないが、いったん取り消した以上は登記ができるのだから対抗問題として処理することが可能になるというところに求められよう。

(4) そこで、無権利説は、九四条二項の類推適用によって善意の転得者を保護することとして前記(2)②の批判を回避するとともに、取消しまたは追認が可能であるのにこれをしないで放置していたという事情があれば九四条二項類推適用の基礎となる真正権利者の帰責事由を認めることができると解することで③の批判も克服することとし、対抗問題説（復帰的物権変動説）は、背信的悪意者排除論の活用によって②の批判を回避するとともに、取消権を行使することができない間に第三者が登場した場合には、対抗問題として処理する基礎が欠けているとして一七七条の適用を排除するという措置を採ることで、(3)記載の不都合を是正している（本書一一六頁以下参照）。

3 相続と登記

(1) 相続による物権変動と登記の要否が問題になる場面はさまざまであるが、主要な判例として以下のものがある。

① 共同相続人の一人Bが、遺産中の不動産につき、偽造書類等を用いて単独所有の登記をなし、これをCに譲渡した場合、ほかの共同相続人Aらは、自己の法定相続分を登記なしにCに対抗することができる（最判昭38・2・22民集一七巻一号二三五頁）。Bは、Aの持分については無権利者だからである。

② 共同相続人の一人Bが相続を放棄したにもかかわらず、その債権者Cが遺産中の不動産のBの持分を差し押さえた場合、ほかの共同相続人Aらは、登記なしに、相続放棄によってBの持分がAらに帰属したことをCに対抗することができる（最判昭42・1・20民集二一巻一号一六頁）。Bは最初に遡って無権利者となっている（九三九条）からである。

③ 遺産分割の結果、遺産中の不動産を単独で所有することになったAは、その登記をしていなければ、ほかの共同相続人Bからその持分（法定相続分）を譲り受けたCに対し、遺産分割によってBの持分を取得したことを対抗することができない（最判昭46・1・26民集二五巻一号九〇頁。平成三〇年改正法によって、これと同旨の明文の規定〔八九九条の二第一項〕が新設された）。Bの持分の遺産分割によるAへの移転とCへの譲渡とが二重譲渡関係になるからである。

(2) ここでも、登記の要否を決定しているのは第三者が「無権利者の承継人」であるか否かである。このように、既登記の第三者を無権利者であると構成することによって未登記権利者を保護する解釈技術を「無権利の法理」と呼んでいるが、ここで重要なことは、判例が、①②の場合には無権利の法理を用いていながら、③の場合にはこれを対抗問題として処理していることの理由である。

この点についてはさまざまな説明がなされているが、いずれもあまり説得的でなく、右にみたような判例の態度を正当化しうる根拠としては、おそらく、①遺産分割前の権利関係は浮動的であり、この段階で共有登記をすることは期待しえない（少なくとも不登法七六条の二施行前には、実際にも共同相続登記がなされることはほとんどなかった）から、対抗問題として取り扱う（登記をしていないことを理由に権利を喪失させる）ことはできず、②共同相続人の一人が相続を放棄したとしても、放棄者以外の共同相続人の間で浮動的な遺産共有状態が存在することになっただけで、実質的には①の場合と変わらないので、やはり対抗問題として扱うことはできない。これに対し、③遺産分割がなされたならば、権利関係は確定し、ただちにこれを登記することに何らの障害もなくなるから、一七七条を適用することが可能となり、また、そうしなければ取引の安全を確保することができなくなる、ということ以外にはありえないであろう（本書一三三頁以下および鎌田「相続と登記」星野英一編・判例に学ぶ民法五三頁以下参照）。

(3)　右に指摘したような判例の基本的考え方には一応の合理性を認めることができるが、判例の原則によるならば、①の場合に不実登記の名義人を真実の権利者と誤信した第三者が保護されないのに対し、③の場合には悪意の第三者まで保護されてしまうことになり、妥当性を欠くという批判がある。これらの批判のうち、悪意者まで保護されるという点については、背信的悪意者排除論によって対応することが可能である。①のCの保護の問題に関しては、かつては一七七条を適用することによって解決を図ろうとする説も主張されていた（一七七条を適用するにはBが相続不動産の全体に何らかの権利を有し、これがCに移転したと構成することが必要になるため、共有の弾力性等を手がかりにした難解な議論が展開されていた）が、今日では、真正権利者に帰責事由のあることを条件として九四条二項を類推適用するという説が主流となっている。

4 時効と登記

(1) 時効と登記に関する判例は、時効取得のような法律上の原因による物権変動もすべて登記をしなければ第三者に対抗できないという物権変動原因無制限判例を前提として、次のような原則を設けている。

① AがB所有の不動産を時効取得した場合、BはAの時効完成により所有権を失う立場にあり、物権変動の「当事者」と同視することができるから、Bに時効取得を対抗するのに登記を要しない（大判大7・3・2民録二四輯四二三頁）。

② Aの時効が完成する前にBが目的物をCに譲渡していた場合のAとCの関係も①と同様である（最判昭41・11・22民集二〇巻九号一九〇一頁など）。

③ Bが、時効完成後に目的物をDに譲渡した場合には、目的物がAとDとに二重譲渡されたのと同様の関係になるから、Aは、登記を備えなければDに時効取得を対抗することができない（大連判大14・7・8民集四巻四一二頁など）。

④ 時効の起算点は占有開始時に固定され、時効援用者が任意にこれを動かすことはできない（最判昭35・7・27民集一四巻一〇号一八七一頁など）。②と③の区別を維持するための補充的原則である。

⑤　Aが、時効完成後の第三者Dが登記を備えた後も引き続き占有を継続し、時効取得に必要な期間が経過した場合には、再度の取得時効が完成し、AはDに登記なしに時効取得を対抗することができるようになる（最判昭36・7・20民集一五巻七号一九〇三頁）。③④の原則から生ずる不都合を是正するための補充的原則である。

(2)　右にみたところから明らかなように、判例は、時効による不動産物権の取得も登記を備えなければ第三者に対抗することができないという原則を維持しつつ、登記は第三者対抗要件であって、「当事者」には登記なしに物権変動を対抗しうるという解釈技術（当事者の法理）を用いることで、利害の調整を図っている。

しかし、時効制度と登記制度のいずれについても、その制度趣旨自体の理解に争いのあるところであり、また、現に占有利用を継続している者を保護すべきか、登記を信頼して取引関係に入った者を保護すべきかという微妙な価値判断にもかかわるものであるから、この問題に関する学説はさまざまに分かれ、とくに②の原則と③の原則との関係に批判が集中している（その概要につき、池田恒男「登記を要する物権変動」民法講座２一四五頁以下参照）。

(3)　判例が、②と③との間で、占有尊重から登記尊重へと立場を転換していることについては、時効取得者が時効完成前に登記を備えることは不可能であるから、時効完成前の第三者との関係を対抗問題として処理することは妥当でないが、時効が完成した以上は登記をすることができるから、時効完成後の第三者との関係を対抗問題とすることによって、登記に対する信頼を回復し、取引の安全を確保すべきであると考えているものと解される。

ところが、どのような場合に時効と登記の問題が生じているかを具体的に検討してみると、代表的な場合として、AがBから不動産を譲り受けて引渡しを受けたが登記未了でいたところBがこれをCに譲渡した場合と、境界の誤認等によりCの所有する土地の一部をAが占有していた場合とがあり、前者の場合（二重譲渡型）には、Aは占有の当初から登記をすることが可能であり、判例の考え方を正当化する根拠は失われることになる。後者の場合（境界紛争型）には、Aが悪意であれば時効完成と同時に登記をすることが可能であるが、係争地が自己の所有地の範囲に含まれると信じ込んでいた善意無過失者には時効取得の登記を期待しえず（Cの側でも係争地を取得した自覚がないことが多いと推測される）、これに判例の③の原則を適用することの妥当性は疑わしいことになる。

そこで、最近では、右のような事情を考慮して、二重譲渡型では登記尊重説を、境界紛争型では占有尊重説を採るべきであるとする類型論的処理が主張され、有力化している（詳細は、本書一五一頁以下参照）。

三　まとめ

1　右にみたように、登記を要する物権変動の範囲として論じられている問題においても、判例は、すべての物権変動は登記を備えなければ第三者に対抗することができないという原則を維持しつつ、「第三者の範囲」論の枠内で登記の要否を決していた。その意味では、すべての問題は「第三者の範囲」の問題として論ずれば足りるという指摘には一応の正当性がある。

しかし、「物権変動の範囲」の問題として論じられている場合には、未登記権利者が登記を備えなかったことに権利喪失を正当化する程度の帰責性があるか否かが主要な論点とされており、第三者側が登記の欠缺を主張する正当な利益を有するか否かが主要な論点とされている「第三者の範囲」の問題とは相当に性質の違う議論となっているのであって、講学上、これら二つの問題を分けて論ずることにはなお一定の実益があるということができよう。

2　登記を要する物権変動の範囲の問題に関する判例は相当に複雑な様相を呈していたけれども、全体に共通する価値判断基準は比較的単純で、一七七条を適用することは登記の欠缺を理由として権利を失わせることにほかならないから、物権変動の効力を争う二当事者のうち少なくとも一方が登記をなすことを期待しえない場合には一七七条を適用しない――そのために、登記をした者を

「無権利者」あるいは「当事者」の関係にあるものと構成する——こととし、双方ともに登記をなしうる状態にある場合には、原則として常に一七七条を適用することとしていると解することができた。

3　ところで、判例は、前に指摘したように、対抗問題と公信問題とを厳格に区別する立場をとっているから、一七七条の適用を肯定する場合には、二重譲渡類似の関係があるものと構成しなければならず、そのために、しばしば遡及効に関する明文の規定を無視したり、論理的な一貫性を犠牲にしていた。こうした無理をしてまでも一七七条を適用しようとしたことの理由は、何よりも登記を信頼した第三者を保護しなければ取引の安全を確保することができないことにあると解される。ところが、最近では、無権利者からの譲受人を保護する法理として九四条二項類推適用論が確立したため、第三者保護のために、あえて法律構成上の技巧をこらしてまでも一七七条に頼る（しかも結果的に悪意の第三者まで保護する）必要がなくなった。

こうした展開を背景として、従来便宜的に対抗問題として処理されてきた問題を、九四条二項類推適用等による公信問題としての処理の場面に引き戻そうとする動きが顕著にみられるところに近時の学説の特色があるということができる。

4　このようにして対抗問題と公信問題との振り分けがますます重要な問題になりつつあるが、同時に、両者の差異がますます稀薄なものになりつつあることにも注意が向けられるべきであろう。

すなわち、現行法のもとで公信問題を解決する極めて有効な手法として注目されている九四条二項類推適用論は、実体に合致しない登記が真正権利者の意思的関与のもとに作出された場合（もっと具体的にいえば、真正権利者が正しい登記をしようと思えばできるのにあえてそれをしなかったという事情がある場合）に限って、善意の第三者を保護しようとするものである。他方、民法一七七条も、右にみてきたように、単純に登記の先後で権利関係の優劣を機械的に決めてしまおうとするものではなく、真正権利者が登記をしようと思えばできるのにそれをしなかったという事情が認められる場合に限って、登記の欠缺を主張する正当な利益を有する第三者を保護しようとするものであって、その第三者の範囲についても背信的悪意者排除論が採られ、要件・効果の両面において九四条二項の類推適用の場合と著しく近似するに至っている。

こうした状況のもとでは、一七七条と九四条二項類推適用論とは、要件・効果面でどのような違いがあるかをより精密に検証する必要があるとともに、そうした違いを正当化する根拠は奈辺にあるかをより厳密に検討する必要も存するといえよう。「公信力説」は、まさしくこうした問題を――対抗問題と公信問題とを峻別する合理的根拠はないという立場から――提起したものとして、現代的な意義を認められるべきものと思われる。

4 「二重譲渡」の法的構成

一 「二重譲渡」とは

Aが、その所有の不動産をBに譲渡して未だ登記を備えない間に、同一の不動産をCにも譲渡してしまったというような場合を、一般に「二重譲渡」といい、この場合に、BよりもCの方が先に移転登記を備えれば、Cの方が所有権を取得し、Bは所有権を失うものとされている。

しかし、この場合、わが民法は意思主義を採用しているのだから、AからBに所有権が移転してAは無権利者になっているはずであり、AからCに所有権が移転するいわれはなく、したがって、Cが先に登記を備えても、その登記は無効な登記であるとの異論が生ずる。こうした議論は、すでに法典調査会における議事の中にもみられるところであるが、それでは登記制度を導入した意味がなくなってしまうので、大多数の学説は、一貫して、この種の議論を「ばかげた議論」であるとして排斥してきた。

かといって、Bが登記を備えていない以上AからBに所有権は移転していないと構成することは「意思主義」の原則に反することになるし、Cは無権利者からの譲受人であるがAのもとにある登記名義を真実のものと誤信したから所有権を原始取得したと構成すると、登記に「公信力」を認めたことになり、「対抗要件主義」に反することになる。

そこで、大多数の学説は、AからBに所有権は移転するが、AからCにもまた有効に所有権が移転し、その有効な所有権移転を登記することで対抗力を取得すると構成して「意思主義」と「対抗要件主義」の調和を図っている。しかし、こうした構成も、物権の排他性や一物一権主義に反する疑いがあり、満足な説明をするために大変な「苦心」が重ねられている。

なお、「二重譲渡」という言葉は、厳密な意味では、右にみたように、単一の所有権について、本来なら両立しえないはずの二つの所有権移転がともに有効に成立している状態をいい、AB間・AC間の一方または双方が債権段階にとどまっている場合をも意味する「二重売買」の語とは区別されて用いられている。この区別に従えば、契約成立時に所有権が移転するとの説を採るときは原則として二重売買は常に二重譲渡の関係を生ずることになり、代金支払・登記・引渡しの時に所有権が移転するという説を採るときは二重売買関係の生ずる可能性が高まり、二重譲渡関係を生ずることは相対的に少なくなるのである。

二　伝統的学説の概観

前述のごとく、大多数の学説は、意思主義の原則を前提としながら、登記の「公信力」を認めず、AからBにもCにも有効に所有権が移転すると構成している。そこで、まず問題になるのが、第二譲渡の際にAにはどのような権限が残っているのかという点であり、これはひるがえって第一譲渡の際にAからBにどのような権利が移転しているのか（公示なき物権の本質）という問題を生じさせる。この点に関し、従来の有力な学説を大きく次の三つのグループに分けることができる（より詳細な分類は、原島重義＝児玉寛・新版注民(6)四二三頁以下参照）。

1　不完全物権変動説

その第一は、AB間の物権変動は登記のない限り完全な効力を生じないから、譲渡人Aも完全な無権利者とならず、Cへの第二譲渡も可能であると説くものである（我妻栄＝有泉亨・新訂物権法一四九頁など多数）。

この説は、登記を備えるまでは債権的効果しか生じないとする説（債権的効力説）や当事者間では完全に物権変動の効力を生ずるが第三者に対する関係ではその効力を生ぜず依然としてAが所有者であるとする説（相対的無効説）と近似するが、それらの説では、未登記譲受人はいかなる第三者に対しても物権的主張をなしえないことになり、大連判明41・12・15（民録一四輯一二七六頁）以後判例・通説として確定している「第三者制限説」となじまない嫌いがあったのを踏まえて、意思表示だけで第三者に対する関係でも物権変動の効力を生じる（Bの取得した所有権には絶対性がある）が、登記を備えるまでは排他的な効力を有しない（Bは、一七七条の「第三者」に対抗できない）と構成するのである。

この説は、一七六条が一七七条および一七八条によって制約されている関係を極めて直截簡明に表現したものであるともいえるが、「不完全な物権変動」ないし「不完全な物権」という概念の曖昧さは否定しえないし、Aの手許に残存し、Cに移転するといわれる権利の性質・内容はほとんど全く不明であるといわざるをえず、これらの点に批判が集中している。

基本的にはこの説と同様の発想に基づきつつ、「不完全な」物権ないし物権変動の概念をより明確なものにしようとする説も存するが、必ずしも成功しているとは思われない。たとえば、山中博士は未登記譲受人の権利は債権ないし債権的物権にすぎず、物権が変動するのは登記の時であるとして、一見正反対の形式主義的な結論に到達してしまっている（山中康雄「権利変動論」名法一巻三号二八七頁以下。加藤雅信・物権法〔第二版〕七五頁以下は、売主から買主への目的物の引渡しによって萌芽的物権が移転し、登記によって絶対的物権が移転するという「二段階物権変動論」を提唱するが、萌芽的物権は、不法占拠者等に対しても物権的効力を主張しえない点で、その実質において債権と異なるところはなく、山中説に近似するものと評しうる）。また、於保博士は、近代においては物権が観念化し、この観念的物権は債権と同じく意思表示によって二重にも三重にも譲渡されうるが、現実化するときには両立しえず、両立しえない物権相互間においては登記によって優先順位が決定されるとする（於保不二雄・物権法(上)一二六頁）。この説は、極めて巧妙にして高度な概念操作を行っているが、両立しえない内容の債権が二重にも三重にも「成立」しうることは疑いないとしても、単一の債権が二重にも三重にも譲渡されて各譲受人それぞれに有効に「帰属」しうるか否かは別問題であり、両者を混同しているとの批判、および意思表示による物権変動の場合にのみ二重譲渡関係＝対抗関係が生ずるとすることとの妥当性に対する疑問が提起されている。

要するに、不完全物権変動説にとっては、むしろ概念の曖昧さこそが生命であり、後述の鈴木教授らが、この点についての概念的な操作を放棄され、所有権移転時期についても確定不要説（段階的移転説）を主張されているのが、この説の精神を最も正統に受け継いだものであると評することができるように思われる。

いずれにしても、不完全物権変動説ないしその修正説によっては、意思主義、物権の排他性、一物一権主義等の諸原則を文字どおりのものとして維持することは困難であろう。

2　第三者主張説

そこで、登記がなくても、当事者間でも対第三者関係でも完全に物権変動の効力が生ずるとして意思主義や一物一権主義などの原則を確認した上で、一定の範囲の第三者からある種の主張がなされると、その第三者との関係で物権変動は効力がなかったことになり、第三者の側に所有権が移転するとの説が主張されている。この説を採る論者は、一般的に意思主義の原則や物権の排他性、一物一権主義などの諸概念を確定的なものとして重視する傾向があり、多くの論者が物権行為独自性肯定説を採るのもその一証左であると解される。

この説が、おそらく比較的最近までの多数説であったといいうるであろうが、その細部にわたっては、若干のバリエーションがある。たとえば、石田文次郎博士（石田文次郎・物権法論〔全訂改版〕一一〇頁）は、第三者に、いったん生じた物権変動を否認する権利が認められているとし（否認権説）、末弘博士（末弘厳太郎・物権法上巻一五四頁）や舟橋博士（舟橋諄一・物権法一四六頁）は、第三者が未登記物権変動と反対または相容れざる事実を主張すれば足りるとしている（反対事実主張説）。

これらの点で説が分かれるのは、第三者が未登記物権変動の存在を知らないときの権利関係の説明に困難があることに由来する（善意の第三者は否認権の発生を知らないから、登記をする際には、否認権行使の意思を有しておらず、否認権の行使によって未登記物権変動の効果を消滅させ、自らが有効に物権を取得したということができない点に否認権説の難点がある）。その他、二重譲受人双方が未登記で相互に否認しあったときの権利関係、否認権等の発生の根拠、否認権行使または反対事実の主張と所有権取得とを結ぶメカニズムなどの説明に、なお不明瞭な点が残されているように思われる。

そこで、これらの難点のいくつかを回避しようとして、法律によって当然に第三者に対する効力が否定されている（末川博・物権法九六頁）とか、第三者の登場により当然に未登記物権変動の効力が限縮する（原島＝児玉・新版注民(6)四二七頁）といった説が主張されることになるが、ここに至ると不完全物権変動説ないし相対的無効説とほとんど差異がなくなり、その結果、それらの説に対する批判もまた、一定程度甘受せねばならなくなるであろう。

3 訴訟法的構成

上述のように、二重譲渡関係の中での所有権の動きを、物権法上の諸原則を尊重しながら、微細に追究していくと、どこかに説明しきれない部分が生じてきてしまう。そこで、一七七条および一七八条を裁判規範として捉えることによって、実体法的な説明を「断念」する見解が生まれてくる。古く中村宗雄博士はケルゼンの規範段階説等に依拠しながら実質的には於保説と同旨の見解を主張していたし（中村宗雄「訴訟法学の立場からみた実体法学の学問的方法とその構造とに関する疑義」早法二六巻四冊四五頁以下）、舟橋博士も民法が裁判規範であることを補強的な論拠としていたが（舟橋諄一・不動産登記法五八頁）、最も徹底した見解として、裁判所が物権変動の有無ないし先後を認定するに際し、第三者に法定証拠を与えた規定であると解する「法定証拠説」がある（石坂音四郎・法協三五巻三号六一一頁以下、安達三季生・判例演習物権法五一頁）。

この分野での母国法たるフランス法とくにナポレオン民法典は、確かに裁判規範としての性格を濃厚に有しており、「対抗する」の原語たるopposerの語も「抗弁する」とか「故障を申し立てる」と訳すべき語であるし、物権の存否の問題ではなく、物権変動の認否の問題として考えようとするのも正当な姿勢と評することができ、法定証拠という概念の不明確さに問題は残るとしても、十分傾聴に値する見解であるといえよう。しかしながら、わが国でも、現代フランスにおいても、民法学の支配する全領域にわたって、実体的な権利の体系として理論構成するのが通例であって、そのような説明が困難な場面についてだけ証拠法的ないし訴訟法的構成を持ち込んでくることには問題があるように思われる。

三　新たなアプローチ

このように、従来の学説は極めて多種多様に分かれ、それぞれかなり難解な構成をしているのだが、いずれもどこかに難点をはらみ、十分に納得できる説明をなしえていない。しかも、これほどまでに細分化された諸学説も、実は、結論においてはほとんど異なるところがないのである。意思主義その他の前提も定まっており、結論もあらかじめ定まっているところで、両者を結びつける説明方法だけが模索されているのがここでの論争であると評することができよう。その意味では、文字どおり「法的構成」に関する論争であって、それ以上のものではないともいいうる。

こういった状況を踏まえて、一九七〇年頃から、一方で対抗問題に関する一般的・概念的説明を無益なりとする説が有力化し（鈴木・星野・広中・好美・稲本など）、他方で従来の学説が満足のいく説明をなしえていなかったのは論理的に成り立ちえない「結論」を先取りしていたからだとして、結論部分も含めて再構成を試みようとする説も有力化してきた。

1 実益論的アプローチ

前者の主唱者の一人である鈴木教授は、次のように述べている（鈴木禄弥「民法一七七条の『対抗スルコトヲ得ス』の意味」物権法の研究二四二～二四三頁。引用に際し一部省略したほか、本稿と記号の統一を図った）。

「［一七七条の］実質的趣旨は、①Bの立場から見ると、かれがAから土地を買い、いつでも所有権取得登記をなしうる状態にあったのに、それを怠り、自己の権利の擁護手段を講じなかったから、Cに対しては権利を主張しえず、もし、Cが先に登記をすれば、Bは、確定的に権利を失う。BとCとの関係は、自由競争による早い者勝ちであり、Bは登記をする義務はないが、それをしないと、不利益を受けるおそれがある、という形で、登記が促進される。②Cの立場から見ると、かれは、Aとの取引の際、登記簿に記載のない物権変動はないものとして、Bを無視して行動でき、かくて、取引の安全・迅速が計られる。ただし、登記への信頼のこの保護は、片面的で、消極面についてのみで、登記されている物権変動を実体的に存在するものと見て取引するという積極的信頼は保護されず、また、登記されていない物権変動の存在を知っている第三者（=悪意の第三者）も、原則として、物権変動の不存在を前提として行動できるから、善意者保護制度たる公信の原則とは、大いに異なる。

このように考えると、一七七条の制度については、諸学説のようにあえて巧妙な法的構成をなす実益はほとんどなく、むしろ、『二重譲渡の場合に、契約締結・代金支払・引渡等の前後にかかわらず、登記を先に備えたものが優先的に物権を取得したものと見る』という趣旨の法定の制度である、と解すれば足りる、と思われる。残された第一の実際問題は、典型的な二重譲渡以外の場合について、本条が適用さるべきか、ということであるが、それは、それぞれの類型について、取引の安全・登記制度の趣旨・登記をせぬ物権取得者の保護等々の見地から、個別的に解決さるべきであり……第二の実際問題は、本条の適用の場合、登記の存否をいずれが主張・立証すべきかであるが、これも、理論的に結論が出るものではなく、妥当性の点から判断すべきである」と。

この説に対する第一の批判は、「現実に妥当なもろもろの解決を統一的な原則によって説明することこそ法解釈学の任務である」といった観点からする批判である。従前の学説は、多かれ少なかれ、皆この種の考え方を有していたといえるが、これをさらに徹底していけば体系的・論理的推論の結果として導かれる結論のみが「正しい」結論であって、それを離れてあらかじめ「妥当な」解決が定まっていることなどありえないということになろう。こうした点での考え方の対立こそが、現在の民法学の最も根元的な争点であると思われる。

この説に対しては、第二に、後述の「公信力説」の立場から、一七七条の「実質的趣旨」を前掲①②のごとく解することは、利益衡量の観点からみても、妥当でないとの批判がなされている。

2 公信力説

一般に「公信力説」と呼ばれている学説は、その構成の細部は論者によってさまざまであるが、要するに、AB間の公示なき譲渡行為によってAは完全な無権利者となり、Cが所有権を取得しうるのはAの所有者らしい外観（登記）を真実のものと誤信して取引に入ったことが法律によって保護されるからにほかならない、とするものである（篠塚・半田・月岡・石田・米倉など）。

この説の立脚点の第一は、従前の学説が意思主義・物権の排他性・一物一権主義などに反するか、あるいはこれらを無視しながら、なお十分な説明を与ええなかったことを批判し、それらの諸原則の安易な修正を避けようとするならば、Cの所有権取得は無から有が生じたと構成せざるをえないとするところにある。

第二の立脚点は、実質的な利益衡量という点からも、理論的にも、悪意の譲受人も一七七条（および一七八条）のいわゆる第三者に含まれるとするのは妥当でなく、善意（無過失）の第三者のみが保護されるべきであるというところにある。

いうまでもなく、この種の見解は、「わが民法は登記に公信力を認めていない」との「公理」に反するものであり、すでに古く同様の見解がボワソナード博士や岡村玄治博士によって主張されていたが、ほとんど影響力をもつことがなかったのである。それにもかかわらず、この説が、近時、一定程度の勢力を形成するに至っていることは、不動産取引をめぐる社会的・法的な環境の変化を示唆しているように思われる。

3　若干の検討

現在の民法学界においては、ここでの問題について、右に紹介した二つの説が最も尖鋭な対立を示しており（たとえば、シンポジウム「不動産物権変動と登記の意義」私法三七号三頁以下における議論参照）、私自身は右両説の——法律構成上の差異よりもむしろ——実質的価値判断の差異を最も重要な論点と捉え、基本的に「公信力説」的価値判断を支持するものであるから、鈴木説＝星野説との対比において、その理由のいくつかを指摘しておくことにしよう。

判例・通説が「自由競争の原理」や「取引の安全」を理由として第三者の善意・悪意を問うべきでないと主張していることに対する批判は、すでに別稿で詳論した（後掲拙稿）。この点に関し、星野教授らは、一七七条は登記を怠った者に制裁を与えるもので、第三者の保護を直接の目的としたものではないといった趣旨の主張を展開されているが、登記懈怠者に刑事罰や行政罰を科するならともかく、第三者に権利を取得させるという形での制裁を加える際には、第三者の側にも保護に値する事由の備わっていることを要求するのが民法の一般原則ではないだろうか。真正権利者の帰責性が最も強い通謀虚偽表示の場合でさえ、第三者に善意が要求されているのである。平成一六年改正前の民法一〇九条の第三者に判例・通説が善意・無過失を要求していたのもこの原理に基づくし、近時急速に判例・通説として確立した九四条二項の類推適用論もこの原理の一適用である。登記懈怠者の「帰責性」と登記を信頼した者の「保護の必要性」とのバランスの上に「妥当な解決」が見出されるべきであろう。

もちろん、星野教授や鈴木教授もこの点に無意識であろうはずはなく、前掲鈴木論文の①②はまさしく未登記権利者の帰責原因と第三者の保護要因を指摘するものであったが、第三者が悪意でも保護されるとする点で民法の一般原則と異なる特殊性を有すると解されているので、その適用範囲も原則として典型的二重譲渡に限られ、それ以外の場合には個別的・政策的に適用の有無を決定するとの操作を必要としたのである。しかし、一方で背信的悪意者排除説の確立とその悪意者排除説への接近傾向により対抗問題の特殊性が稀薄化するとともに、他方で九四条二項の類推適用により登記の紛争解決機能が飛躍的に拡張するという事態に直面したとき、多様な処理方法の中から「妥当」なものを選択することを、もっぱら解釈者の「政策的」判断に任せてよいものかどうか疑問である（たとえば、取消しと登記に関する論争を想定されたい）。川井教授が後掲書において九四条二項類推適用例を一七七条の適用範囲内に取り込み、全体を貫く統一的な判断基準を提示しようと試みたのは、まことにもっともな話であり、「公信力説」的価値判断の浸透を意味すると評しうるように思われる。

かつてボワソナード説が排斥され、悪意者排除説が駆逐されたとき、登記簿だけを見て敏速・活発な不動産取引が行える社会が目指されていたことは、ほぼ確実であるが、登記慣行も定着し、不動産取引や不動産所有権のあり方に関する考え方にも大きな変化のあった今日の社会において、なお、現に居住している未登記所有権者を追い出して悪意者に所有権を付与してまで「登記を促進」し、「自由競争の原理」を確保し、登記懈怠者に「制裁」を加える必要があるかは、極めて疑わしい。「公信力説」の台頭は、こうした時代の推移を象徴しているかのように思われる（ただし、滝沢聿代・物権変動の理論は、これに反対し、登記の懈怠に対する制裁の必要性を強調する。その結果、法律構成上は公信力説と近似する法定取得＝失権説を採りながら結論的には鈴木説＝星野説とほぼ同一のものとなっている）。

〔参考文献〕

本文中引用の諸文献のほか
篠塚昭次「物権の二重譲渡」論争民法学1一四頁以下
篠塚昭次＝月岡利男「対抗力問題の原点」論争民法学4三五一頁以下

半田正夫・不動産取引法の研究
鎌田「不動産二重売買における第二買主の悪意と取引の安全――フランスにおける判例の『転換』をめぐって」比較法学（早大比較法研究所）九巻二号三一頁以下
川井健・不動産物権変動の公示と公信
石田喜久夫・物権変動論
星野英一「物権変動論における『対抗』問題と『公信』問題」法教三八号六頁（『民法論集第六巻』一二三頁）以下
好美清光「物権変動論をめぐる現在の問題点」書斎の窓二九九号二頁以下
鷹巣信孝・物権変動論の法理的検討

5　背信的悪意者

はじめに

1　旧民法は、登記がなければ対抗できない第三者につき、「同一の不動産につき同一の前主から競合する権利を取得し、その登記を備えた者であること」という客観的要件と並んで、「善意であること」という主観的要件を課していた。これに対し、現行民法一七七条は単に「第三者」と規定するにとどまる。この点に関し、起草者穂積陳重は、登記は公益に基づく公示法であるから絶対的なものでなければ効を奏しえないと考えたので、善意とか悪意とかいう形容詞を付さなかったと述べている（法典調査会・民法議事速記録〔法務図書館版〕二巻二六四頁）。不動産登記法五条（旧四条・五条）が、詐欺・強迫によって登記の申請を妨げた第三者および他人のために登記を申請する義務のある者は登記の欠缺を主張しえないと定めているのも、民法一七七条が第三者の善意・悪意を不問としているからこそ、それに伴う不都合を避けるために、これらの条文を設ける必要があったものと説明されている（法典調査会・不動産登記法案議事筆記〔日本学術振興会〕一巻三二丁・三四丁）。その後の判例・学説とも、大多数のものが、登記制度は権利の存否・優劣を形式的・画一的に決することによって取引の安全を図るために設けられた公益上の制度であることのほか、第三者の善意・悪意の区別は困難であり、これを問題にすると訴訟が頻発し、法律関係を錯綜させ、悪意者からの転得者の権利を危うくすることなどを理由として、善意悪意不問説を採ってきた。

2　しかし、これに対しては、古くから、①登記はこれに対する信頼を保護することによって取引の安全を保護しようとするものであるから、現実に登記を信頼していない悪意の第三者を保護すべき理由はない、②第三者制限説を採る以上、悪意者を保護することは首尾一貫しない、③第三者は善意の推定を受けるから、悪意者を排除しても訴訟上ことが面倒になることはないなどとして、登記以外の方法で未登記物権変動の存在を知っている悪意の第三者に登記欠缺の主張を認める必要はないとする悪意者排除説が対立してきた（舟橋諄一「登記の欠缺を主張し得べき『第三者』について」加藤正治先生還暦祝賀論文集六二九頁以下など）。さらに、善意・悪意を不問としても、害意をもって行動する者等の悪質者まで保護する必要はないとする説（害意者排除説、背信的悪意者排除説）や、善意無過失の者のみを保護すれば足りるとする説（悪意有過失者排除説、公信力説）なども主張されるようになっている。

この問題は、登記制度の趣旨や自由競争の限界をどのように考えるかという根本的な問題、第三者の善意・悪意を問うことが権利関係を錯綜させたり、登記の懈怠を助長したりして不動産取引市場を混乱させることはないかといった法政策上の問題、第三者の善意・悪意を不問にすることが当事者間の衡平を害することにならないかといった個々の紛争の解決における具体的妥当性の実現に関する問題が複雑に絡みあう難問で、学説も、なお鋭く対立し続けている。

一　判例の展開

1　判例は、民法施行後一貫して善意悪意不問説を採り、大連判明41・12・15（民録一四輯一二七六頁、我妻栄・聯合部判決巡歴Ⅰ一二五頁、好美清光・不動産取引判例百選〔第二版〕四四頁、石田剛・不動産取引判例百選〔第三版〕九五頁ほか）が、民法一七七条の第三者は「登記欠缺ヲ主張スル正当ノ利益ヲ有スル者」に限られるとして第三者制限説を採る旨を明らかにした後も、「登記欠缺ヲ主張スル正当ノ利益」の有無はもっぱら客観的要件に関してのみ検討され、第三者の主観的要件に関しては、少数の例外（大判昭9・3・6民集一三巻二三〇頁、我妻栄・判民二二事件、石田文次郎・論叢三一巻四号七五三頁、大判昭11・1・14民集一五巻八九頁など）を除いて、善意・悪意は不問とされ続けていたが、昭和三〇年代以降、こうした傾向に徐々に変化がみられるようになった。

すなわち、①最判昭31・4・24（民集一〇巻四号四一七頁、白石健三・判解民一三事件、末川博・民商三四巻六号九六五頁、杉村章三郎・法協七四巻三号三五二頁、鈴木禄弥・判評六号一四頁）は、「第三者が登記の欠缺を主張するにつき正当な利益を有しない場合とは、当該第三者に、（旧）不動産登記法四条、五条により登記の欠缺を主張することの許されない事由がある場合、その他これに類するような、登記の欠缺を主張することが信義に反すると認められる事由がある場合に限る」として、背信的悪意者排除の一般論を述べ、②最判昭32・6・11（裁判集民二六号八五九頁）もこれに従った。その後、判決①の再上告審判決である③最判昭35・3・31（民集一四巻四号六六三頁、白石健三・判解民三五事件、石田喜久夫・民商四三巻三号四六四頁〔民法一七七条の判例一五一頁〕、林良平・論叢六八巻二号九九頁ほか）は、いったんは未登記譲受人の所有物として財産税を徴収した不動産につき、登記名義人たる譲渡人の所有物であるとして、右登記名義人に対する滞納処分により差し押さえ、公売処分に付した国は「登記の欠缺を主張する正当な利益を有する第三者」に当たらないとの判断を前提として、右公売処分による所有権移転を否定し、前掲大審院連合部判決の枠内で背信的な悪意者を排除する方向を示していた。さらに、④最判昭36・4・27（民集一五巻四号九〇一頁、右田尭雄・判解民四七事件、石本雅男・民商四五巻五号七四五頁、中元紘一郎・法協八〇巻一号一五七頁、川井健・判タ一二七号一五頁〔不動産物権変動の公示と公信三九頁〕、好美清光・手形研究五七号八頁、吉原節夫・民法の判例〔第二版〕四六頁、深谷松男・不動産取引判例百選〔第二版〕一六六頁ほか）は、未登記の第一買主に対する復讐の意図をもって著しく安い価格で目的不動産を買い受けて登記を備えた第二買主について、右第二売買契約は公序良俗に反して無効であるから、一七七条の第三者に該当しないとし、⑤最判昭40・12・21（民集一九巻九号二二二一頁、高津環・判解民九八事件、好美清光・民商五五巻二号二六四頁、川島武宜・法協八三巻七＝八号一二〇一頁、森泉章・判評九一号五頁、槇悌次・法時三八巻一一号一〇五頁ほか）は、「民法一七七条にいう第三者については、一般的にはその善意・悪意を問わないものであるが、〔旧〕不動産登記法四条または五条のような明文に該当する事由がなくても、少なくともこれに類する程度の背信的悪意者は民法一七七条の第三者から除外さるべきである」と判示し、⑥最判昭42・5・25（裁判集民八七号八一五頁）は、背信的悪意者排除説を用いて第三者の保護を否定するに至ったのである。

しかし、判決①は一般論を述べるにとどまり、判決③では、この問題は主たる関心の対象とはなっておらず、判決要旨に掲げられていない。そして、判決④は当時下級審裁判例や学説の間でも有力化しつつあった背信的悪意者排除説を採らずに民法九〇条によっており、判決⑤は背信的悪意者排除の法理を採りながらも、結論的には限界事例につき背信性を否定するものであった上に、この間にあって実際に背信的悪意者排除説を適用した②⑥の両判決は公式判例集への登載が回避されていたため、最高裁は背信的悪意者排除説の適用を制限する姿勢を示そうとしているのではないかとの疑問も呈されていた。

2　このような状況のもとで、最高裁は、⑦最判昭43・8・2（民集二二巻八号一五七一頁、野田宏・判解民六三事件、石田喜久夫・民商六〇巻四号五四三頁〔前掲書一六四頁〕、谷口知平「二重譲渡」判例演習物権法〔増補版〕五八頁、北川弘治・民法判例百選Ⅰ〔第一版〕一二六頁、池田恒男・民法判例百選Ⅰ〔第四版〕一二〇頁、湯浅道男・不動産取引判例百選〔第二版〕六二頁、鎌田・民法の基本判例〔初版〕四四頁）において、「実体上物権変動があった事実を知る者において右物権変動についての登記の欠缺を主張することが信義に反するものと認められる事情がある場合には、かかる背信的悪意者は、登記の欠缺を主張するについて正当な利益を有しないものであって、民法一七七条にいう第三者に当らないものと解すべき」であるとして、登記手続の未了を奇貨として、これを第一買主に高値で売りつけて不当な利益を得る目的で著しい廉価で山林を購入した第二買主を、登記の欠缺を主張する正当な利益を有する第三者に当たらないと判示した。

これに引き続いて、⑧未登記物権変動に関する和解の立会人が譲渡人に対する強制執行として目的不動産を差し押さえた事件（最判昭43・11・15民集二二巻一二号二六七一頁、千種秀夫・判解民一一五事件、本城武雄・民商六一巻三号四五〇頁、金山正信・判評一一三号三一頁）、⑨根抵当権を放棄させる交渉に密接に関与した債務者法人の代表者が放棄後の根抵当権を被担保債権とともに譲り受けた事件（最判昭44・1・16民集二三巻一号一八頁、野田宏・判解民一事件、吉原節夫・民商六一巻六号一〇二三頁、星野英一・法協八七巻六号七四九頁）、⑩未登記物権変動を熟知する目的建物賃借人が未登記譲受人の登記具備を妨げる譲渡人の工作に協力した上で当該建物を譲り受けた事件（最判昭44・4・25民集二三巻四号九〇四頁、鈴木重信・判解民三一事件、石田喜久夫・民商六二巻五号九〇七頁〔前掲書一七二頁〕）、⑪未登記譲渡担保権者のために根抵当権の放棄を約した者が右放棄を解除した事件（最判昭45・2・24判時五九一号五九頁）などに、次々と背信的悪意者排除説を適用していった。その意味で、判決⑦は、一般論としては判決①および判決⑤を踏襲するにすぎないものの、これを具体的事案に適用して第三者の背信性を認めた初の公式判例であり、背信的悪意者排除説が判例理論として確立するについてのリーディング・ケースと評価してよいであろう。

二　背信的悪意者排除説の意義と問題点

1　背信的悪意者とは

(1)　判例は、「実体上物権変動があった事実を知る者」つまり悪意者であり、かつ、「右物権変動についての登記の欠缺を主張することが信義に反するものと認められる事情がある」者に限り、これを「背信的悪意者」として一七七条の第三者から排除している。その特色は、単に悪意であるというだけでは第三者の範囲から排除されないとする——善意悪意不問説を前提とする——ところにあり、背信的悪意者排除説に対する批判も単純悪意者と背信的悪意者を区別する基準の曖昧さに集中している。したがって、ここでは、第三者につき、悪意であることのほかにどのような事情があれば背信性が認定されるかを具体的に明らかにすることが必要となる。

この点については、下級審裁判例も含めた数多くの判決を類型的に整理するさまざまな試みがなされているが（北川弘治「民法一七七条の第三者から除外される背信的悪意者の具体的基準」判評一二〇号～一二三号など）、代表的な類型として、(イ)第三者が譲渡人と実質的に同一人であったり、近親者等密接な関係を有する者であって「ワラ人形」と認めうるような場合、(ロ)第三者が未登記物権変動の仲介者・証人等不登法五条二項該当者に準ずる者である場合（判決⑧⑨）、(ハ)第三者が登記妨害工作への協力者等不登法五条一項該当者に準ずる者である場合（判決⑩）、(ニ)第三者が未登記権利者に対する特別の害意や暴利行為などの不法な目的をもって行為した者である場合（判決④⑦）、(ホ)第三者が未登記物権変動を前提とする行動をとりながら後にそれと矛盾する主張をした場合（判決①③）などを挙げることができる（これらの事情の存否を認定するにあたっては、対価の相当性、代金支払の有無、占有の所在などが重要なファクターとされている）。

ただし、近時の注目すべき判例分析によれば、(i)第三者と譲渡人の間に特別な関係があり、第三者が第一契約の準当事者とみられるときは、第三者は、それだけで排除され、悪意は要件となっておらず、(ii)準当事者関係にない第二譲受人の保護の可否を決定しているのは、その取得態様が妥当か否かの判断であって、第三者が保護されるためには善意が要求されており、いずれにおいても

「背信的悪意」の概念は有効に機能していないとされている（松岡久和「判例における背信的悪意者排除論の実相」林良平先生還暦記念・現代私法学の課題と展望㊥六五頁以下）。この分析には異論もないわけではないが、背信的悪意と単純悪意との区別は、とくに近時の下級審裁判例において曖昧になってきているという認識はかなり一般的なものになっているといってよい。

だが、最高裁は、その後、不動産譲渡担保権が被担保債権の弁済により消滅した後に目的不動産が譲渡担保権者から悪意の第三者に譲渡された事件につき、「右第三者がいわゆる背信的悪意者に当たる場合は格別、そうでない限り、譲渡担保設定者は、登記がなければ、その所有権を右第三者に対抗することができないものと解するのが相当である」とした（最判昭62・11・12判時一二六一号七一頁、新美育文・判タ六六七号四四頁、福岡右武・判タ七〇六号三〇頁、竹内俊雄・金判七九六号四八頁、魚住庸夫・ジュリ九〇三号七四頁、湯浅道男・民法判例百選Ⅰ〔第三版〕二〇四頁、野口恵三・NBL四〇五号五二頁）。この判決は、譲渡担保の法的構成につき所有権的構成を維持すること、および、単純悪意者と背信的悪意者との区別を堅持する姿勢を明らかにしたものとして注目されるべきであろう（時効取得の場合の「悪意」の認定につき、最判平18・1・17民集六〇巻一号二七頁、石田剛・民法判例百選Ⅰ〔第八版〕一二二頁、松久三四彦・不動産取引判例百選〔第三版〕九〇頁参照。その評価につき、本書一六七頁も参照せよ）。

(2) 学説においても背信的悪意者排除説が圧倒的多数を占めているが、その内容は多様である。

これをおおまかにいえば、初期の背信的悪意者排除説は、(イ)悪意者は一七七条の第三者から排除されることを原則とするが、登記を信頼しないで行動することが信義則に反しないと認められる場合には、例外的に悪意者も一七七条による保護に値する（牧野英一説・舟橋旧説）としていたが、やがて、この説の原則と例外とを逆転させて、(ロ)悪意者も原則として一七七条の第三者として保護され、背信的に悪意と認められる場合に限って第三者から除外されるとするもの（舟橋説など）が通説的地位を占めるようになり、近年では、(ハ)ここでの問題の中心は、第三者の行為態様が客観的に正当な取引行為としての保護に値するものと認められるか否かの点にあり、第三者の善意・悪意といった主観的・心理的態様は信義則判断の一要素としての意味しかもたないといった考え方（川井説・好美説）が有力化しつつある。右の(ハ)の考え方をさらに押し進めれば、背信性の有無は未登記権利者と第三者の双方の諸事情を総合的に勘案して客観的に判断すべきであるということになり（水本浩「不動産物権変動における利益衡量」我妻栄先生追悼・私法学の新たな展開二六九頁以下など参照）、その結果、場合によって過失ある善意者も背信的悪意者になる可能性があるとか（川井健「不動産物権変動における公示と公信」不動産物権変動の公示と公信二三頁）、未登記第一譲受人が現実に居住ないし事業の用に供している土地を現地検分せずに買い受けた者は重大な過失があり背信的悪意者と同様に取り扱われるべきである（広中俊雄・物権法〔第二版増補〕一〇八頁）といった、伝統的な背信的悪意者排除説とは異質な結論も導かれるに至っている。その一方で、悪意者排除説や善意有過失者排除説（公信力説）なども有力に主張されるようになっており、この問題をめぐる議論はますます錯綜しつつあるが、法律構成の異同と実質的価値判断のそれとを混同することのないよう冷静に見極めることが必要とされているといえよう。

2　善意転得者の保護

(1)　善意悪意不問説は、第三者の善意・悪意を問題とすると悪意者からの転得者の権利も否定することになって、法律関係を紛糾させ、取引の安全を害するということを、その論拠の一つとしていた。前掲の判決④に対しても、悪質な第二買主の保護を否定した結論は正当であるが、第二売買を公序良俗に反し無効であるとしたことは第二買主からの善意転得者の権利取得を否定することになり妥当でないとする批判が加えられていた（この事件では、上告審の当事者とはなっていないために最高裁の判断の対象にならなかったが、悪意の第二買主から目的不動産に抵当権の設定を受けた者が存した）。そこで、悪意者の保護は否定しながら、善意転得者を保護しうる理論が求められ、これに応えうるものとして背信的悪意者排除説が学説の注目を集め、急速に有力化することとなった。

実際、最判平8・10・29（民集五〇巻九号二五〇六頁。瀬川信久・民法判例百選Ⅰ〔第五版〕一二四頁、幡野弘樹・民法判例百選Ⅰ〔第八版〕一二四頁、鎌田・リマークス一六号一〇頁〔本書一〇〇頁〕、同・民法の基本判例〔第二版〕四五頁など）は、背信的悪意者が第一譲受人に対して登記の欠缺を主張することができない場合も、第二売買自体が無効になるわけではなく、したがって背信的悪意者からの転得者が民法一七七条の「第三者」から排除されるかどうかは、転得者と第一譲受人との間で相対的に判断されるべきであって、転得者自身が第一譲受人に対する関係で背信的悪意者と評価されるのでない限り、当該不動産の所有権取得をもって第一譲受人に対抗することができるとした。学説においても、(イ)背信的悪意者は、未登記権利者に対し登記の欠缺を主張することが信義則によって否定されているだけで、権利取得それ自体が否定されているわけではないから、転得者も物権を承継取得でき、転得者自身に登記の欠缺を主張することが信義則に反すると認められる事情が存しない限りは、一七七条の第三者として保護されると解する説が多数を占めており（川井健・判タ一一二七号二一頁〔前掲書五五頁〕など）、このほかに、(ロ)平成二九年改正前の詐害行為取消権の解釈理論（相対的取消説）の適用または借用により、未登記権利者は背信的悪意者に対する関係でのみ登記なくして物権変動を対抗しうるとするもの（舟橋諄一・物権法一八五頁など）、(ハ)背信的悪意者は完全な物権取得者であり、未登記権利者に対して所有権移転および移転登記をなす債務（不法行為に基づく原状回復義務）を負うだけであるとする説（好美清光・手形研究五七号一二頁など）、(ニ)いわゆる否認権説を前提としつつ、背信的悪意者の否認権行使は権利の濫用となるが、背信的悪意ではない転得者は否認権を行使できるとする説（柚木馨＝高木多喜男・判例物権法総論〔補訂版〕二四九頁）、(ホ)背信的悪意者は無権利者であるとしつつ、善意転得者を九四条二項類推適用で保護する説（槇悌次・物権法概論九五頁など）等がある。なお、第二譲受人の権利取得の根拠を登記の「公信力」

に求める公信力説（篠塚昭次・民法セミナーⅡ一〇〇頁以下など）は、悪意者からの転得者を保護するについても同様に登記の「公信力」を援用する。

このように、判例・学説はほぼ例外なく背信的悪意者からの善意転得者を保護しようとしており、そのこと自体は正当であると考える。このことは、裏からいえば、背信的悪意者からの転得者が背信的悪意者と評価されるときには、これを保護しないということを意味する。しかし、どのような事情があれば転得者が背信的悪意者と評価されるかについては、あまり議論が深められてはいない。一般には、通常の背信的悪意者の認定基準が転得者についても適用されるばかりでなく、前主が背信的悪意者であることを知りながら転得者となった場合にも当該転得者を背信的悪意者と認定してよいと解されているようであるが、このような解釈を採ると、ある不動産を取得しようとした者が、当該不動産をめぐる権利関係を詳細に調査した結果、未登記の第一譲受人と既登記の背信的悪意者たる第二譲受人が存在することを発見したときには、事実上、その不動産の取得を諦めなければならないこととなってしまうであろう（第一譲受人から取得しても対抗要件を備えることは困難であり、第二譲受人から取得すれば背信的悪意者とされてしまう）。初期の学説が――そして、今日の判例・通説も基本的には――善意悪意不問説を採らざるをえないと考えたのは、まさに、このような形で不動産取引が阻害されることを避けようとしたからにほかならない。そうであるならば、前主が背信的悪意者であることを知っていながら目的物を転得したというだけで、その転得者を背信的悪意者とすることは避けられるべきではないだろうか。この点は、悪意者排除説や善意有過失者排除説を採るときには、さらにいっそう深刻な問題として現れてくることに留意すべきである。

(2)　右に述べた場合とは逆に、登記を備えた第二譲受人は善意で、その転得者に背信性が認められる場合には、どのように考えればよいであろうか。

背信的悪意者とその転得者との関係を相対的に構成する見解を前提とする以上は、ここでも相対的構成が採られてよいように思われるが、九四条二項、九六条三項その他の善意者保護規定の適用の場合に常に問題となるように、善意者からの悪意転得者の保護を否定した場合には、悪意転得者から善意者に対して他人物売主の責任が追及されることによって、結果的に悪意転得者の損失は塡補され、善意者が損失を負担する危険性があることに注意しなければならない。東京高判昭57・8・31（下民集三三巻五＝八号九六八頁、内田勝一・判タ四九三号一一三頁、滝沢聿代・判タ四九九号一二五頁、石外克喜・判評二九九号二三頁、椿寿夫＝松野民雄・法時五五巻八号一四三頁、吉原節夫・民事研修三一九号九頁、内田勝一・判タ五〇五号二八頁、鎌田・法セ三五一号四八頁）は、善意の第二譲受人からの転得者を背信的悪意者と認定し、登記の欠缺を主張する正当な利益を有しないものとしたが、同時に、これによって背信的悪意者たる転得者から前主への他人物売主の責任の追及はなしえない旨を示唆して、右の問題に対する慎重な配慮をなしていることが注目されるべきであろう。

ただし、この場合にも、転得者の背信性を安易に認定すると、目的不動産をめぐる権利関係を慎重に調査すればするほど権利取得が困難になるような事態を招来することになってしまう点に注意しなければならない。しかも、この場合には、前主が善意者であるだけに、未登記第一譲受人から目的物を取得しても完全な所有権を取得しうる可能性は全くないのだから、背信的悪意者からの転得者の場合よりもいっそう慎重な態度が必要とされ、第二譲渡がなされる時点ですでに転得者が関与している場合——善意の第二譲受人を「ワラ人形」として介在させることで自らの背信性を糊塗しようと画策したような場合——を除いて、転得者を背信的悪意者として排除することは回避されるべきであろう。悪意者排除説または善意有過失者排除説を採りながらこうした結論を導こうとするときには、相対的構成を採るよりも、むしろ絶対的構成を採りつつ、著しく悪質な転得者については個別的に権利濫用ないし信義則による解決を図る途を採る方が難点が少ないように思われる。

三　残された課題

1　第三者の主観的要件をめぐる議論は、何よりも、正当な取引行為として法的に保護しうる限界はどこにあるかという問題に関係している。この点について、判例・通説は、悪意で第二譲受人となることは「自由競争の原理」等により許容されているとするが、これを否定する悪意者排除説や善意有過失者排除説（公信力説）も有力化しつつあるし、前示のごとく、背信的悪意者排除説の中にも自由競争の限界をより狭く解するものがあり、今後いっそう多角的な検討を加えていく必要があることを示している。

たとえば、判例・通説によって背信的悪意の認定のための不可欠の要件とされている「悪意」とは、一般に、債権契約たる売買契約の成立を知っていることでは足らず、物権変動の存在を知っていることを意味するものと解されており、その理由としては、債権段階では、物権段階以上に強く「自由競争の原理」が支配しており、互いに両立しえない内容の契約を締結することは全く自由であるし、その場合の債権相互間には優劣関係はないということが挙げられている。しかし、これに対しては、第三者に物権変動の時期に関する微妙な判断を強いることになり妥当でないのではないかとの疑問が生ずるだけでなく、物権変動さえ生じていなければ、他人の契約上の権利を侵害する契約を自由に締結しうるのかという疑問が生じてくる。諸外国においては、他人の契約上の権利を侵害する契約の法的効力を否定しないまでも、それによる利得を吐き出させることにより、実質的な保護を否定する傾向にある（吉田邦彦・債権侵害論再考、磯村保「二重売買と債権侵害──『自由競争』論の神話」神戸法学雑誌三五巻二号三八五頁・三六巻一号二五頁・二号二八九頁など参照）。わが国でも、第一売買契約締結後に、より高い値段での買主が登場した場合に第二売買を締結することは、文字どおり「自由競争」の範囲内の行為として認められているが、第一買主は第二買主が登記を備える前に売主に対する登記請求権の現実的な履行の強制をなすことによって第二売買の実効性を奪うことができるばかりでなく、たとえ第二買主が先に登記を備えた場合でも、第一売買が履行不能となった時（第二譲渡につき所有権移転登記がなされた時）または中間最高価格時の目的物価格を損害賠償として請求することによって、売主の手元に第二売買による利得は残らないようにすることができる（最判昭37・11・16民集一六巻一一号二二八〇頁参照）。要するに、日本法のもとにおいては、第一売買の契約価格より高い価格で買い取る旨の申出があったとしても、売主は、第二売買契約を締結することによって、より多くの利得をあげることはできない仕組みになっている（「契約を破る自由」は、実質的・経済的には保障されていない）のである。こうした状況のもとで、「自由競争の原理」を根拠として悪意の第二契約に積極的保護を与えることを本当に正当化できるかには疑問の余地もある。また、債権と物権とを峻別しながらも、特定物債権者に物権取得者と同様の保護を与える必要がある（あるいは現に保護を与えてきた）からこそ、特定物債権の存在を公示するために仮登記制度を設けざるをえなかったということもできるだろう。そうだとするならば、背信的悪意者排除説や悪意者排除説を採る（あるいは少なくとも悪意の第二譲受人の不法行為責任を認める）場合に、未登記第一譲受人が物権取得者であるか、特定物債権者にとどまっているかによって決定的な取扱いの差異を設けることは反省されなければならないように思われる。

2　判例・通説が第三者の善意悪意不問を原則としていることのもう一つの理由は、「取引の安全」を確保するというところにある。たとえば、有泉博士は、一七七条は登記を信頼した第三者を救うというような一面的・個々的な問題ではなく、広く取引を整理して権利関係の明確を期し、もってその安全と敏活を図るものであり、その全体の立場からすれば、登記を信頼していない第三者が同条の保護に便乗することがあっても、決して一七七条の趣旨が没却されるわけではなく、ただその necessary evil にすぎないのであって、「正にこの取引保護の全体的立場から画一的形式的な取扱ひが要求され、第三者の善意悪意の如きを区別しない事が必要とされるのである」としている（有泉亨「民法第一七七条と悪意の第三者」法協五六巻八号八六頁。ただし、同論文九一頁以下で、旧不登法四条・五条〔現行五条一項・二項〕の類推により背信的な悪意者を排除すべしとしている点にも注意されたい）。また、星野教授も、対抗要件主義は登記の欠缺に対する制裁を加えようとするものであるとして、第三者保護という目的と対抗要件主義という法的手段のギャップを強調している（星野英一「物権変動論における『対抗』問題と『公信』問題」民法論集六巻一五一頁など）。

こうした考え方は、善意・悪意を区別すると登記をしない者が増えて取引市場が混乱するという認識を基礎にしていると解される。しかし、登記制度の創設期にあっては、これを定着させるために制裁的機能が重視されることもやむをえなかったかもしれないが、今日では登記慣行が定着しており、登記を信頼した者（悪意者からの善意転得者を含む）は保護されるという原則さえ確立していれば、それを超えて未登記権利者の犠牲において悪意者まで保護しなければならない必要性があるとは考えられない。確かに、第三者の善意・悪意を問題とすれば、紛争ないし訴訟が頻発して、取引市場に混乱が引き起こされることは予想される。だが、通謀虚偽表示をしたような悪質な者の権利を失わせるときでさえ、第三者に善意を要求しているのに、登記を懈怠した場合には、悪意者との関係でも未登記権利者の権利を喪失させ、その生活や営業活動を根底から覆してもやむをえないと考えられるほどに強い非難可能性があるとはいえないのではないだろうか。

3　そうはいっても、次のような点に配慮を要することは否定できないだろう。たとえば、Cが、事業の必要上、どうしても甲土地を取得しなければならないこととなり、権利関係を調査したら、登記名義人Aは、甲土地につきBとの売買契約を締結していることが明らかになった。そこで、A・B両者に事情を確かめたところ、Aは、AB間の売買契約は詐欺により取り消された、そうでなくても適法に解除されているといい、Bは右契約は全く有効であり、代金も全額支払ってあるという。こうした場合に、Cは、Bから甲土地を買っても登記を備えることは相当に困難であり、Aからこれを買い取った場合に悪意者であるとして登記の欠缺を主張しえないこととなる危険性があるとするならば、甲土地の取得を諦めて事業計画を撤回しなければならないこととなってしまう。この場合に何の調査もせずにAから甲土地を買えば善意者として保護されるとするならば、ますますおかしなこととなるだろう（前述の転得者保護の問題と共通する問題である）。

このような不都合を回避しようとするならば、善意悪意不問説を採るか、背信的悪意者排除説を採って背信性の認定を極めて狭い範囲に限定するか、悪意者排除説ないし悪意有過失者排除説を採りつつ「悪意」の意義を限定的に解さざるをえないだろう。「悪意」の意義を限定的に解するというのは次のようなことである。現在の確定した用語法によれば、善意・悪意とは単に「知らない」「知っている」という事実を意味するにすぎず、何らの価値評価も含まないものとされている（ただし、善意占有・悪意占有の区別に際しては、権原の帰属についての「確信」の有無が問題とされている）。しかし、善意という語はラテン語の bona fides の訳語であり、このラテン語は「信義誠実の原則」の意味ももっていることからもうかがわれるように、本来は「信義則に反していない」という価値評価を含んだ概念として理解されるべきであろうと思われる（現に、フランスでは、ここでの問題に関し、悪意者排除説のもとで、第一譲渡の存在を「知っている」ことが「悪意」になるか、といった形で問題が提起されていたし〔鎌田「不動産二重売買における第二買主の悪意と取引の安全」比較法学九巻二号三一頁以下参照〕、詐害行為取消権との関係では、無償取得者は債権者を害することを知っていようがいまいが常に「悪意」であるといった解釈がなされている）。したがって、ここでも、取引通念上正当と認められる場合には、第一売買契約の存在それ自体を知っていても善意であり、法的保護に値する正当な取引行為と認め難い場合には第一売買契約の存在を知っていたことが立証されていなくても「悪意」と認定すべきものと解するのである。

私は、こうした理解を前提とした上で、悪意者排除説（善意有過失者排除説といっても公信力説といってもよい）を採りたいと考えているのだが、実は、この説の内実は川井説・好美説・広中説などに代表される信義則判断重視型の背信的悪意者排除説とほとんど同じものである。そうだとするならば、広く認められている善意・悪意の概念を独自の意味に使うよりも、背信的悪意者排除説を採ればよいではないか（過失ある「善意者」を背信的「悪意者」と呼ぶ点では五十歩百歩といえなくもないが）ということになりうるが、本問に限らず、民法全体にわたって善意・悪意の概念を信義則判断を含むものとして再構成したいと考えるので、あえて「悪意者排除説」という名称に固執している。いずれにしろ、ここでの議論は、その名称や、法律構成の差異にのみ目を奪われることなく、不動産取引がいかなる法原理によって支配されるべきか、登記にはいかなる機能を期待すべきかといった実質的価値判断をめぐる争いにも十分配慮して理解しなければならないものと考える。

4　このようにして、一七七条によって保護される第三者の範囲から（背信的）悪意者が排除されることとなった。これと、従来からある「登記がなければ対抗できない物権変動」の範囲をめぐる議論、「登記がなければ対抗できない第三者」の客観的要件に関する議論を組み合わせて考えれば、一七七条の適用によって第三者が保護される典型的な場面は、不動産に関する物権を取得した者が、その旨の登記をしようと思えばできるのに、これを怠っていたところ、未登記物権変動の存在を知らない（少なくとも譲渡人に正当な処分権限があると確信しており、その信頼が取引通念に照らして正当と認められる）第三者が、当該不動産につき両立しえない物権を取得し、登記を備えた場合であるということになる。

ところで、背信的悪意者排除判例の確立とほぼ同時期に、九四条二項類推適用論が判例理論として確立し、実体に合致しない登記が真正権利者の意思に基づいて作出または放置されている場合には、これを真実と誤信して法律上の利害関係を取得するに至った第三者に対し、真正権利者は、右登記が虚偽仮装のものであったことを対抗しえないものとされるに至った（川井健「民法九四条二項類推適用論」前掲書六五頁以下参照）。

これら二つの法理は、積極・消極の両面から、登記を信頼した第三者を保護しようとするものであるが、第三者が保護されるための要件等に微妙な違いがあり、両者の適用範囲の調整が問題となる（松井宏興「民法九四条二項類推適用論の一考察――特に民法一七七条との関係について」磯村哲先生還暦記念・市民法学の形成と展開(下)八五頁以下参照）。判例・通説によれば、一七七条は物権変動が有効に生じていることを前提として、これを第三者に対抗しうるか否かが問題となっている場合（対抗問題）に適用され、九四条二項類推適用論は、無権利者からの承継人が登記に対する信頼を理由として有効に権利を取得できるか否かが問題となっている場合（公信問題）に適用されるのであって、両者が重複することはありえないものとされている（なお、九四条二項類推適用論と登記の公信力との違いについては、奥田昌道・判例演習民法総則〔増補版〕二七四頁以下参照）。

しかし、両者の区別は常に必ず明確なわけではない。たとえば、後述の「7法律行為の取消しと登記」や「8相続と登記」の問題に関しては、これを対抗問題と解すべきか、公信問題と解すべきかについて見解が分かれている。また、最判昭45・11・19（民集二四巻一二号一九一六頁、鈴木重信・判解民五二事件、玉田弘毅・民商六七巻六号一〇三八頁、星野英一・法協八九巻七号八五八頁（民事判例研究三一四三頁）、幾代通・判評一四八号一四頁、鈴木禄弥＝生熊長幸・判タ二六〇号九七頁、鈴木重信・民法判例百選Ⅰ〔第三版〕六〇頁、伊藤進・民法判例百選Ⅰ〔第五版〕五六頁など）は、AからBおよびCに所有権が二重に譲渡され、第一譲受人Bが所有権保全のために仮登記をすべきところ、登記手続を委任された司法書士が抵当権設定登記と停止条件付代物弁済契約に基づく所有権移転請求権保全の仮登記をしたという事件について、「Bは善意無過失の第三者に対し、右登記が実体上の権利関係と相違し、Bが仮登記を経た所有権者であり、抵当権者ないし停止条件付代物弁済契約上の権利者ではないと主張しえないものというべきである」として表見法理を適用しているが、これを対抗問題として解決することも不可能ではなく、その場合には、Bの登記は実体に合致しない無効なものとなり、Cは背信的悪意者でさえなければ、「善意無過失」でなくても完全な所有権を取得できたはずである。

その一方で、一七七条が適用される場合と九四条二項が類推適用される場合との実質的な価値判断要素は次第に接近しつつあり、こうした事情を背景として、両者を統一的に構成しようとする見解も有力化しており（川井・前掲書一五頁以下、半田正夫「不動産登記と公信力」民法講座2二一七頁以下および同所引用の諸文献参照）、事態はなお流動的であるように思われる。

〔参考文献〕

本文中に引用のもののほか、
シンポジウム「不動産物権変動と登記の意義」私法三七号三頁以下
半田正夫・民法一七七条における第三者の範囲〔改訂版〕叢書民法総合判例研究7
滝沢聿代「民法一七七条における悪意者の問題」物権変動の理論二三五頁以下
鎌田薫「対抗問題と第三者」民法講座2六七頁以下
半田吉信「背信的悪意者排除論の再検討」ジュリスト八一三号八一頁以下
湯浅道男「背信的悪意者論」石田喜久夫・西原道雄・高木多喜男先生還暦記念(上)・不動産法の課題と展望七七頁以下
松岡久和「民法一七七条の第三者・再論」奥田昌道先生還暦記念・民事法理論の諸問題(下)一八五頁以下
同「背信的悪意者排除説と判例（判例分析民法）」法学教室三一四号七一頁・三一五号一三六頁
石田剛「登記がなければ対抗することができない第三者」新不動産登記講座Ⅱ二五頁以下

6　背信的悪意者からの転得者と民法一七七条の第三者

はじめに

民法一七七条の「第三者」の範囲については、大連判明41・12・15（民録一四輯一二七六頁）以来、「登記欠缺ヲ主張スル正当ノ利益ヲ有スル者」に限るという「第三者制限説」が採られてきた。こうした考え方のもとで第三者の範囲を具体的に定める基準には、その者が目的不動産についてどのような権利を有しているかという客観的側面に関するもの（客観的要件）と、未登記物権変動の存在を知っていたか否かという主観的態様に関するもの（主観的要件）がある。

第三者の主観的要件に関し、民法の起草者は、第三者の善意・悪意を問わないものとする立場（善意悪意不問説）を採り、初期の判例もこれに従っていたが、昭和四〇年代以降、「実体上物権変動があった事実」につき悪意であり、かつ、「右物権変動についての登記の欠缺を主張することが信義に反するものと認められる事情」がある背信的悪意者は、登記の欠缺を主張するについて正当な利益を有さず、民法一七七条にいう第三者に当たらないものとする背信的悪意者排除説が判例として確立し（最判昭40・12・21民集一九巻九号二二二一頁、最判昭43・8・2民集二二巻八号一五七一頁など）、学説においても急速に通説としての地位を確立するに至った。

こうした解釈を前提とするときは、第一に、「悪意」のほかにどのような事情があれば背信的悪意と認定されるかが問題となり、第二には、背信的悪意者からの善意転得者の処遇が問題となる。前者の問題点については、かねてから判例の集積を待たねばならないものとされてきた。第二の問題点については、従来から各方面の強い関心を惹いてきたが、これを正面から論ずる最高裁判決は存在しなかった。

ここで取り上げる最判平8・10・29（民集五〇巻九号二五〇六頁。以下「本件判決」という）は、背信的悪意者からの善意転得者の処遇に関して正面から判断を下した最初の公表判例であり、また背信性認定に関しても興味深い事例にかかわる判決であり、注目される。

一　事実の概要と判旨

1　事実の概要

(1)　X市は、昭和三〇年三月、駅前整備事業の一環として貨物の搬出入用の道路を造るため、Aから本件土地を買い受け、同年度の失業対策事業で盛土をして整備した後、昭和四四年には側溝・マンホールなどを設置するとともに敷地全体をアスファルトで舗装し、昭和五四年には市道金属標を設置した。このようにして、本件土地は、遅くとも昭和四四年七月までにX所有の市道として一般市民の通行の用に供され、付近住民からも市道として認識されてきたが、分筆登記手続の手違いから、X所有名義の登記は経由されないままとなっており、道路法に基づく区域決定および供用開始決定がなされたのも昭和五八年一月であった。他方、Xは、右分筆登記の手違いによって作出された誤登記に基づいて、昭和四八年からAに対し固定資産税を賦課した。

(2)　B社、C社およびD社を経営するEは、Aが登記簿上自己名義になっているため固定資産税を課されているが所在のわからない土地を処分したがっていると聞き、現地を調査した上で、昭和五七年一〇月、これを代金五〇〇〇万円で買い受け、B社への所有権移転登記を経由した。その際、Eは、万一土地が実在しない場合にもAに代金の返還を請求しない旨の念書を差し入れていた。なお、その当時、道路でないとした場合の本件土地の価格は約六〇〇〇万円であった。

本件土地は、昭和五八年二月にBからCに、昭和五九年七月にはCからDに、それぞれ所有権移転登記がなされた後、昭和六〇年八月一四日、Y社がこれをDから買い受けて所有権移転登記を経由した（第一審判決によれば、DY間の売買代金は一億五〇〇〇万円とされているが、特約により一〇〇〇万円の支払のみで決済し、差額については本件土地上の根抵当権の被担保債務の引受け等をしたことになっているものの、債務者への通知も実債務額の確認もされていない）。Yは、本件土地は市道でないと主張して、本件土地上にプレハブ建物二棟およびバリケードを設置した。

(3)　Xは、仮処分決定を得てプレハブ建物等を撤去した上で、Yに対し、①所有権に基づく真正な登記名義の回復を原因とする所有権移転登記手続、②道路管理権に基づく道路敷地であることの確認および③所有権または道路管理権に基づく妨害物撤去土地明渡しの請求をし、Yは、Xの右仮処分の執行が不法行為に当たるとして損害賠償を求めた。

第一審は、Yは背信的悪意者とは認められないが、Xの道路管理権はYにも対抗できるとして、Xの②③請求のみを認容した。原審は、B社が背信的悪意者であって所有権取得をXに対抗できない以上、C、Dを経て買い受けたY社も本件土地の所有権に関しXに対抗しえない等の理由により、Xの請求をすべて認容し、Yの請求を棄却した。

2 判旨

一部破棄差戻し、一部棄却。

「Bは、本件土地が市道敷地として一般市民の通行の用に供されていることを知りながら、Xが本件土地の所有権移転登記を経由していないことを奇貨として、不当な利得を得る目的で本件土地を取得しようとしたものということができ、Xの登記の欠缺を主張することができないいわゆる背信的悪意者に当たる」。

「所有者甲から乙が不動産を買い受け、その登記が未了の間に、丙が当該不動産を甲から二重に買い受け、更に丙から転得者丁が買い受けて登記を完了した場合に、たとい丙が背信的悪意者に当たるとしても、丁は、乙に対する関係で丁自身が背信的悪意者と評価されるのでない限り、当該不動産の所有権取得をもって乙に対抗することができるものと解するのが相当である。けだし、㈠丙が背信的悪意者であるがゆえに登記の欠缺を主張する正当な利益を有する第三者に当たらないとされる場合であっても、乙は、丙が登記を経由した権利を乙に対抗することができないことの反面として、登記なくして所有権取得を丙に対抗することができるというにとどまり、甲丙間の売買自体の無効を来すものではなく、したがって、丁は無権利者から当該不動産を買受けたことにはならないのであって、また、㈡背信的悪意者が正当な利益を有する第三者に当たらないとして民法一七七条の『第三者』から排除される所以は、第一譲受人の売買等に遅れて不動産を取得し登記を経由した者が登記を経ていない第一譲受人に対してその登記の欠缺を主張することがその取得の経緯等に照らし信義則に反して許されないということにあるのであって、登記を経由した者がこの法理によって『第三者』から排除されるかどうかは、その者と第一譲受人との間で相対的に判断されるべき事柄であるからである。」

これを本件についてみると、Yは背信的悪意者からの転得者であり、したがって、Bが背信的悪意者であるにせよ、本件においてY自身が背信的悪意者に当たるか否かを改めて判断することなしには、本件土地の所有権取得をもってXに対抗しえないものとすることはできないので、原判決中本件土地の所有権移転登記手続請求に関する部分を破棄し、さらに審理を尽くさせるために右部分を原審に差し戻す。

Bが背信的悪意者であるため、XはBに登記がなくても所有権取得を対抗できる関係にあったのだから、Xが昭和五八年一月にした道路法一八条に基づく区域決定、供用開始決定等は本件土地につき権原を有しないでしたものということはできない。したがって、本件土地は市道として適法に供用が開始されたものということができ、仮にその後Yが本件土地を取得し、Xが登記を欠くためYに所有権取得を対抗できなくなったとしても、Yは道路敷地として道路法所定の制限が加えられたものを取得したにすぎないから（最判昭44・12・4民集二三巻一二号二四〇七頁参照）、道路管理権を有するXが仮処分の決定を得てプレハブ建物等を撤去し、本件土地を市道として通行の用に供していることは、Ｙが本件土地の所有権を取得しているか否かにかかわらず、不法行為を構成しない。

二　先例・学説

1　背信的悪意者の排除

(1)　判例は、善意悪意不問説を前提としながら、「実体上物権変動があった事実」につき悪意であり、かつ、「右物権変動についての登記の欠缺を主張することが信義に反するものと認められる事情」がある背信的悪意者は、登記の欠缺を主張するについて正当な利益を有さず、民法一七七条にいう第三者に当たらないものと解している（前掲最判昭43・8・2など）。

こうした解釈を前提とするときは、悪意のほかにどのような事情があれば背信性が認定されるかが問題となる。従来の裁判例を整理すると、主要な類型として、(イ)第三者が二重譲渡人と実質的に同一人であったり、近親者等密接な関係にある場合、(ロ)第三者が未登記物権変動の仲介者等不登法五条二項該当者に準ずる者である場合、(ハ)第三者が登記妨害工作への協力者等不登法五条一項該当者に準ずる者である場合、(ニ)第三者が未登記権利者に対する害意や暴利行為等の不法な目的をもって行為した場合、(ホ)第三者が未登記物権変動をいったん承認しておきながら、後にそれと矛盾する行為をした場合などをあげることができる。

ただし、これに対しては、具体的な裁判例においては、(a)第三者と譲渡人の間に特別な関係があり、第三者が第一契約の準当事者とみられるときは、第三者はそれだけで排除され、悪意は要件となっておらず、(b)準当事者関係にない第二譲受人の保護の可否を決定しているのは、その取得態様が妥当か否かの判断であって、第三者が保護されるためには善意が要求されており、(a)(b)いずれにおいても背信的悪意の概念は有効に機能していないとの指摘がある（松岡久和「判例における背信的悪意者排除論の実相」林良平先生還暦記念・現代私法学の課題と展望㈥六五頁以下）。

(2)　学説においても背信的悪意者排除説が圧倒的多数を占めているが、背信的悪意者排除説の中にも、①ここでの問題の中心は第三者の行為態様が客観的に正当な取引行為としての保護に値するか否かの点にあり、第三者の悪意といった主観的心理的態様は信義則判断の一要素としての意味しかもたないとか、②背信性の有無は未登記権利者と第三者の双方の諸事情を総合的に勘案して客観的に判断すべきであるとする見解が有力化しつつあり、こうした見解によるときは、単純悪意者や過失ある善意者も背信的悪意者と認定されうることに注意を要する（川井健「不動産物権変動における公示と公信――背信的悪意者論、民法九四条二項類推適用論の位置づけ」我妻栄先生追悼・私法学の新たな展開三〇六頁〔不動産物権変動の公示と公信（一九九〇年）二三頁所収〕、広中俊雄・物権法〔第二版増補〕一〇八頁、半田吉信「背信的悪意者排除論の再検討」ジュリ八一三号八一頁以下など）。

これ以外に、いわゆる公信力説は公示を信頼した善意または善意無過失の第三者のみが保護されうるとしており、最近では、所有権侵害または債権侵害の不法行為という観点から（松岡久和「不動産所有権二重譲渡紛争について（２・完）」龍谷法学一七巻一号一三頁以下、磯村保「二重売買と債権侵害――『自由競争』論の神話⑴・⑶」神戸法学三五巻二号三八八頁以下・三六巻二号二一五頁）、または、失権説によりつつ（七戸克彦「対抗要件主義に関するボワソナード理論」法研六四巻一二号一九五頁以下）、これと類似の結論を導こうとする見解も主張されている。

2　背信的悪意者からの善意転得者

⑴　背信的悪意者排除論が判例・通説として確立するに至ったのは、最判昭36・4・27（民集一五巻四号九〇一頁）を契機とする。この判決は、もっぱら未登記第一買主を害する目的で締結された第二売買契約を公序良俗に反して無効であるとしたもので、これによって悪質な第二買主による登記欠缺の主張を封じたのは正当であるが、この法理によるときは、善意転得者の権利取得を否定することになり妥当でないとする批判が加えられたことを受けて、悪意の第二譲受人の保護は否定しつつ善意転得者を保護しうる法律構成として背信的悪意者排除説が注目を集め、急速に有力化したということができる。しかし、その後の裁判例において背信的悪意者からの転得者の処遇が論じられたことは少なく、大阪高判昭49・7・10（判時七六六号六六頁）、広島高松江支判昭49・12・18（判時七八八号五八頁）、仙台高判昭52・2・24（訟月二三巻三号四三七頁）、広島地判昭53・1・20（訟月二四巻二号二〇五頁）、東京高判昭55・12・15（判時九九三号五一頁）、大阪高判昭56・9・10

（訟月二七巻一二号二三一八頁）、東京高判昭57・8・31（判時一〇五五号四七頁・金判六六〇号一八頁）、福岡高判昭58・11・21（判タ五一九号一五八頁）、大阪地判昭62・8・27（判タ六六三号一三〇頁）などがあるが、いずれも登記の欠缺を主張している転得者自身が背信的悪意者と認定されており、あまり詳細な理由づけもなされていない。

⑵　背信的悪意者排除説を採る学説も、大多数は善意転得者を保護すべきものと解している。背信的悪意者排除説は、直接的には所有権の帰属を問題とせず、信義則に基づき登記の欠缺の主張を封ずるだけのものであるが、判例・通説によれば、全くの無権利者は一七七条の第三者たりえないものとされているのだから、善意転得者は、登記を備える前に、背信的悪意者から有効に物権を取得していることを当然の前提とし、その物権取得者としての地位に基づいて未登記権利者の登記の欠缺を主張することが信義誠実の原則に反することはないといったような法律構成を採らなければならないことになる。この点については、おおむね以下のような見解が主張されてきた。

(イ)詐害行為取消しの効果に関する平成二九年民法改正以前の判例・通説（相対的取消し）の場合と同様に、未登記権利者は背信的悪意者に対する関係においてのみ登記なくして物権変動を対抗しうるとする説（舟橋諄一・物権法一八五頁、半田吉信「本件評釈」ジュリ一一二七号一三〇頁など）。(ロ)背信的悪意者による否認権の行使は（信義則違反または権利濫用として）許されないが、善意転得者は否認権の行使を妨げられないとする説（柚木馨＝高木多喜男・判例物権法総論〔補訂版〕二四九頁など）。㈧背信的悪意者は未登記第一譲受人に対して登記の欠缺を主張することができないだけであって、第二譲渡自体が無効とされているわけではないとする説（川井健「不動産の二重売買における公序良俗と信義則――最高裁昭和三六年四月二七日第一小法廷判決をめぐって」判タ一二七号一五頁以下〔前掲書三九頁以下所収〕、広中・前掲書一〇五頁など多数）。㈡背信的悪意者も完全な所有権を取得し、第一譲受人に対して所有権および登記を返す債務を負うにすぎないとする説（好美清光「不動産の二重処分における信義則違反等の効果」手形研究五七号一二頁など）。

(3) 右の各見解は背信的悪意者から転得者への物権の移転（承継取得）を認めるものであるが、背信的悪意者排除説を採る論者の中にも、背信的悪意者が未登記権利者に対抗できない以上、その者からの転得者が権利を取得する法理上の根拠はないとする説がある（金山正信「判批」判時五四七号一三三頁〔判評一一三号三五頁〕など）。背信的悪意者への譲渡契約は民法九〇条違反で無効とする説（石田剛「不動産二重売買における公序良俗」奥田昌道先生還暦記念・民事法理論の諸問題㈦一二九頁以下、石田喜久夫「本件判批」判時一六二二号一八九頁〔判評四六八号二七頁〕以下）はもちろん、一七七条は同一前主からの特定承継人相互間についてしか適用にならないという説（滝沢聿代「物権変動論のその後の展開⑵」成城法学五二号一八六頁など）もこれと同様の結論になるであろう（横山美夏「本件評釈」法教二〇〇号一四〇頁参照）。ただし、こうした理解を前提としつつ、九四条二項の類推適用によって善意転得者を保護しようとする見解もある（鈴木重信「民法第一七七条と背信的悪意

者」不動産登記の諸問題(上)五〇九頁、槇悌次・物権法概論九六頁、石田剛・前掲一七三頁以下など）。

また、いわゆる公信力説にあっては、悪意の第二譲受人は無権利者であるとしつつ、その登記を信頼した転得者は登記の公信力によって物権を取得することができると解することになるし（半田正夫「不動産登記と公信力」民法講座2二一四頁など）、詐害行為取消権を援用する見解によるときは、民法四二四条の五によって善意転得者が保護されることになる（石本雅男「判批」民商四五巻五号七四五頁、磯村・前掲四〇四頁）。

3　道路管理権の対抗

本件判決の引用する最判昭44・12・4（民集二三巻一二号二四〇七頁）は、道路の供用開始決定等による利用制限は、道路法に基づく公法上の制限であって敷地の使用権原に基づくものではないから、これがいったん適法に成立した以上、その後に登記を備えた第二譲受人が出現したことによって敷地使用権原が所有権取得者に対抗しえないことになっても、公法上の制限の消滅事由たる公用廃止行為がない限り消滅しないとする。これに対しては、第二譲受人の登記によって道路管理者の土地利用権原とともにそれに基づく公用開始行為も遡及的に無効になり、第二譲受人の返還請求が権利濫用等によって否定されうるとしても損害賠償ないし損失補償の請求は肯定されるべきであるとの批判も存したが（高木光・行政判例百選Ⅰ〔第四版〕一四〇頁など）、本件判決は右最判を踏襲した。

以上のような判例・学説の状況に照らして、本件判決の特色を述べることとする。

三　評　論

1　背信性の認定について

本件取引におけるEの行為態様は、Xが本件土地の所有権を取得しているとの確信のもとに、これを廉価で買い受けて不当な利得を得ることを目的としたものとみることもできるが、むしろ本件土地が不存在であったり市道敷であったりすることによって全く無駄な投資に終わるリスクを引き受けた射倖的取引とみることの方が実体に合致しているように思われる。こうした観点からは、背信的悪意者の類型に新たなタイプのものを付け加えた判決であると評価することも可能になる。ただし、こうした見解を採ったとしても、この種の射倖的な取引が常に必ず背信的と評価されなければならないわけではなく、やはり本件土地が道路の用に供されていたという事情を無視することはできないであろう。その意味で、本件判決においては、近時有力となりつつある両当事者の利益内容の客観的衡量を重視する学説への接近傾向が認められるという評価（七戸克彦「本件判批」民商一一七巻一号一一二頁）を首肯することができる。

2　背信的悪意者からの転得者について

本件判決は、背信的悪意者からの転得者は、未登記権利者に対する関係で、その者自身が背信的悪意者と評価されるのでない限り、当該不動産の所有権取得をもって対抗することができるとの「相対的構成」の原則を宣言した最初の最高裁判決として極めて重要な意義を有している。この点は、すでに触れたように、背信的悪意者排除説が判例・通説として確立したときからすでに予想されていたところであり、基本的には異論のないところであろう（大橋弘「本件解説」ジュリ一一二四号九九頁、同「本件解説」判解民平成八年度八四四頁参照）。

ただし、ここで「相対的構成」を採ることが、必然的に、前掲東京高判昭57・8・31のように善意の第二譲受人からの転得者が背信的悪意者である場合にも、同様に相対的構成を採るべきであるという結論を導くことになるか否かについては、さらに検討を要するであろう（前掲福岡高判昭58・11・21のように第二譲受人が「かいらいの人物」であると認定されている場合は別である）。この点の検討はしばらくおくとしても、転得者についての「背信的悪意」の認定基準は第二譲受人についてのそれとは異なるべきことは明確に意識されるべきものと思われる（本書八六頁以下参照）。

3　その他の課題

本件はまた、第二譲受人や転得者の「悪意」を証明することが著しく困難であることを示唆している。善意悪意不問説を前提とする判例・通説の立場からは、こうしたリスクは登記を懈怠した者において当然覚悟すべきものということになるのであろうが、公信力説等においては第二譲受人や転得者の側で善意を証明すべきことになる。背信的悪意者を無権利者とした上で転得者の保護につき九四条二項を類推適用するという説を採るときにも転得者において善意を証明すべきことになり、どのような法律構成を採るかによって、具体的な事件の解決にあたって、大きく結論を異にする可能性がある。ここでの議論は、理論構成上の美学だけでなく、こうした点での実践的な配慮も交えて展開されていかなければならないであろう。

なお、本件判決が、丁が「登記を完了した場合……乙に対抗することができる」としているのは、乙に対して自己の所有権取得を対抗するためには登記を備えていなければならないという趣旨を述べるだけであって、乙の登記の欠缺を主張するためには（丁自身が背信的悪意者でさえなければ）登記を備えていなくてもよいと解すべきであるし、丙が善意の場合には丁は未登記でも丙の地位を援用することができるとの解釈を排斥する趣旨でもないと理解する（横山・前掲一四一頁、大橋・前掲判解民平成八年度八四四頁参照）。

〈本件評釈〉

本文中に引用のもののほか、
伊藤滋夫・法の支配一一〇号九三頁

鎌田薫・民法の基本判例〔第二版〕（法学教室増刊基本判例シリーズ2）四五頁
吉原節夫・民事研修四八五号一六頁
松岡久和・判例セレクト97（法学教室二一〇号別冊付録）一五頁
瀬川信久・民法判例百選Ⅰ〔第五版〕一二四頁
幡野弘樹・民法判例百選Ⅰ〔第八版〕一二四頁
大西武士・判例タイムズ九五七号五五頁
田中淳子・法律時報七〇巻八号一〇四頁
東法子・銀行法務21四二巻一号二六頁
冨上智子・平成九年度主要民事判例解説（判例タイムズ臨時増刊九七八号）三六頁
種村好子・民事研修四九二号三八頁
宇都宮充夫・中央学院大学法学論叢一三巻二号三七一頁
橋本恭宏・中京大学法科大学院／CHUKYO LAWYER 一号六五頁

7 法律行為の取消しと登記

一 判例・通説

1 AB間の不動産譲渡契約が取り消されたが目的不動産はCに転売されている場合のAC間の法律関係いかんとの問題について、判例の態度は、一般に、次の(イ)(ロ)に要約できるものとして理解されている[1]。

(イ) Aは、目的不動産につき取消し前に利害関係を有するに至った第三者Cに対しては、九六条三項等の第三者保護規定の適用がある場合を除いて、登記なしに取消しの効果を対抗できる[2]。

(ロ) Aは、取消し後に初めて利害関係を有するに至った第三者Cに対しては、登記なくして取消しによる所有権の復帰を対抗できない[3](九六条三項等は、取消しの遡及効を制限する趣旨であり、取消し後の第三者については適用にならない[4])。

九六条三項等の第三者保護規定に関連する諸問題[5]を別にすれば、判例理論は、取消し前に登場した第三者に対する関係では、取消しの遡及効を貫徹させ、取消し後に登場する第三者に対する関係では、これを対抗問題として取り扱うという点に特色を有する。

2　学説においても、この判例理論と同旨を説く見解が現在に至るまで通説的地位を占めてきたということができる（我妻、末川、舟橋、木＝高木、林、杉之原、山田など）。

判例・通説の実質的な理由は、取消しの効果を第三者に対抗するについて対抗要件の具備を不要とするならば、Aは「一度その行為を取消したといふことだけで、登記や占有を回復することなしに、永遠に第三者にその所有権の回復を対抗し得ることとなって、法律が対抗要件を規定してゐる趣旨は全然没却される結果を招来し、取引の安定を害すること[6]」この上ない、とするところにある。そして、このように解するための形式論理上の前提として、「初から物権がBには移転したことがなかったとしてしまふといふ意味においては遡及的ではあるが、しかしとにかく一旦Bに移転してゐた物権がAに復帰するといふ点においては取消を原因として物権の変動があるとみなければならぬ[7]」とするのである。しかしながら、取消しの効果を主張する者は常に登記を備えねばならないとすると、取消し前に目的不動産が転売され登記も移転された場合には、取消者が目的不動産それ自体を取り戻すことが不可能になり、取消制度の趣旨を没却することになってしまう。そこで、取消し前の第三者に対する関係では、「もっぱら、当該取消の遡及的効力の範囲によって決すべき[8]」ものとされざるをえないのである。

3　このようにして、判例・通説は、取得時効と登記の問題についてと同様に、(9) 取消しの意思表示をするまでは取消しによる物権回復の登記をすることができないから、登記を備えていないことを理由として取消者に権利喪失の制裁を加えることはできないが、取消し後は登記が可能になるのだから、登記をしなければ第三者に対抗できないとされてもやむをえないとの結論に達するのであるが、理論構成と具体的妥当性の両面から次のような批判を浴びている。

(イ)判例・通説に対する批判の第一点は、論理的一貫性に欠けているという点である。取消し前の第三者との関係を論ずる際には、取消しの遡及効を貫徹させて、最初から物権はAからBに移転していなかったこととし、その結果、転得者Cもまた最初から無権利者だったものとみなされ、無権利者は一七七条の第三者に該当しないから、Aは、取消し前の転得者Cに対して登記なしに所有権の回復を対抗できると構成する。これに対し、取消し後の第三者との関係を論ずる際には、取消しの遡及効を制限して、物権はいったんAからBに移転し、取消しの意思表示によってBからAに復帰的に変動するのであって、その登記がなされない間にBが目的不動産をCに譲渡するときには、BからAへの復帰的物権変動とBからCへの譲渡による物権変動との二重譲渡関係が生じ、対抗問題になると構成しており、取消しの遡及効の有無あるいは取消しによる物権変動の態様（遡及的消滅か復帰的変動か）に関する理解が一貫していないことが批判されている。

(ロ)第二に、判例・通説は、取消し後の第三者に対する関係を対抗問題としているのだが、その結果、取消し後の第三者は悪意でも保護され、公信力を認めた以上に過大な保護が与えられる結果となり、取消し前の第三者が（九六条三項等の第三者保護規定が適用される場合を除いて）善意無過失であっても保護されないことと著しく均衡を失していることが批判されている。

(ハ)第三に、取消権者が取消権を行使しうる状態になった後ただちに取消しの意思表示を行うと、登記をしておかない限り、その時以後に登場する第三者に敗れるのに対して、取り消せる状態にあるにもかかわらずただちには取消しの意思表示をせず、第三者が登場した後に取り消したような者は第三者の犠牲において保護を受けることができ、自己の権利を保全するのに誠実である者がよりよく保護されるという法の建前に反する結果を導くことが批判されている。

右の批判（とくに(ハ)の批判）には異論もないわけではないが、これらのすべてを克服する解釈論があれば、それがより望ましい解釈論であるということができるだろう。以下、右の諸点について、別の解釈の可能性を検討してみることにしよう。

（1）原島重義＝児玉寛・新版注民(6)四八九頁以下。ただし、広中俊雄「法律行為の取消と不動産取引における第三者の保護」法律時報四九巻六号五六頁（広中俊雄著作集4六八頁）は、(ロ)の昭和32年判決の論理（取消しの効果の非遡及的構成）は(イ)の昭和4年判決の否定に連なりうると指摘する。

(2) 大判昭4・2・20民集八巻五九頁〔末川博「判批」論叢二二巻三号四一〇頁、我妻栄・判民七事件、薬師寺志光「判批」志林三一巻一〇号一〇三頁〕。

(3) 大判昭17・9・30民集二一巻九一一頁〔舟橋諄一「判批」民商一七巻四号七一頁、川島武宜・判民四八事件、薬師寺志光「判批」志林四五巻四号二七頁、原島重義・続判例百選〔第二版〕七八頁、伊藤昌司・民法判例百選Ⅰ〔第五版〕一一四頁、金子敬明・民法判例百選Ⅰ〔第八版〕一一二頁〕。最判昭32・6・7民集一一巻六号九九九頁〔土井王明・判解民五四事件〕。

(4) 前掲大判昭17・9・30。

(5) この問題の詳細については、下森定「法律行為の取消と登記」ロー・スクール二三号〔一九八〇年八月号〕六〇頁以下、鎌田・民法判例百選Ⅰ〔第五版〕四八頁以下およびそこに引用された諸文献に譲る。なお、平成二九年改正法によって新設された九五条四項についても九六条三項と同様に考えてよい。

(6) 末川・前掲判批四一四頁。

(7) 末川・前掲判批四一三頁。

(8) 我妻栄・物権法七二頁、我妻栄＝有泉亨・新訂物権法九六頁。

(9)「9取得時効と登記」本書一五一頁以下参照。

判例・通説に対する批判の第一点＝論理的一貫性の欠如に応えるには、いくつかの方法がありうるが、オーソドックスには、取消しの遡及効を貫徹させるか、一貫して取消しにより新たな復帰的物権変動が生ずると解するか、どちらかの途を選択することになる。[1]

二　対抗問題説と無権利説

(1)　無権利説

ＡＢ間の法律行為が取り消されると、九六条三項や九五条四項によって遡及効が制限されている場合を除いて、最初から右法律行為は無効であったものとされ、したがってＡＢ間の物権変動も最初から存在しなかったことになり、登記に公信力の認められていない民法のもとでは、転得者Ｃが物権を取得するいわれはなく、その結果、対抗問題を生ずるはずもないとする説である。[2]

この説は、民法一二一条を文言どおりに解釈し、かつ、物権変動理論について判例・通説と同様に物権行為独自性否定説または有因説を採るもので、[3]論理構成上の無理が少ないということができる。しかし、このままでは第三者保護＝取引の動的安全の要請に対する配慮に欠けるところがあるといわざるをえない。[4]この点については後述する。

(2) 対抗問題説

これに対して、取消し前の第三者に対する関係でも、登記を具備しなければ取消しによる物権の回復を対抗できないとすることによって、論理的一貫性を保つことも可能である。このような構成を採るためには、対抗問題に関する伝統的理解に従う限り[5]、BからAへの復帰的物権変動が存し、これがBからCへの物権変動と二重譲渡類似の関係になるといわなければならない。

物権変動論について無因説を採ると――物権行為自体の取消しということを考慮しなければ――常に取消しを原因としてAからBに対する債権的な返還請求権が発生し、これに基づく新たな物権行為によってBからAへの復帰的物権変動が生ずることになり、その結果、AとCとの関係は、通常の二重譲渡関係と異ならないことになる[6]。第三者の登場と取消しによる物権変動の先後関係は、法理論上は、登記の先後によって決せられるべきものであって、第三者の登場と取消しとの先後関係を決めた後で登記の要否を決する判例・通説の考え方は逆転しているということもできよう。

さらに、鈴木教授、広中教授は、有因的構成を採りながら、取消権は実質的には給付物返還・登記抹消の前提として存在するにすぎないとの見解[7]に基づいて、解除において間接効果説を採った場合と同様に、取消しによる物権の復帰を対抗するには登記を必要とすると主張されている[8]。

対抗問題説によると、取消し前に登場した第三者を、九六条三項等が適用にならない場合であっても、保護することが可能となるが、逆に、そのこと自体が取消制度の趣旨に反しはしないか、取消しが可能となる前に第三者が登場してしまった場合にもなお対抗の原則を維持しうるのか、さらには、悪意の第三者を保護することになってもよいのか、といったような問題を惹き起こすことになる。

(1) 原島・前掲判批七九頁、原島＝児玉・新版注民(6)四八七頁以下参照。
(2) 薬師寺・前掲判批、舟橋・前掲判批、同・不動産登記法三八頁（ただし、後に改説。同・物権法一六一頁参照）。
(3) ただし、末川博士は無因説を採りながら判例・通説と同旨を述べる。物権行為自体にも取消原因の付着しているのが普通であると考えていることによると解される（末川博・物権法八〇頁参照）。しかし、このように解すると、場合によって無効な意思表示をした者よりも、取り消すことのできる行為を行った者の方が厚く保護される結果になってしまうのではないかと思われる。
(4) 四宮和夫「遡及効と対抗要件」四宮和夫民法論集六頁など参照。ただし、薬師寺・前掲判批志林三一巻一〇号一一一頁は、特殊な事案に関してではあるが、九四条二項の準用による第三者保護を示唆していた。
(5) 「登記の先後によって権利の優劣を決めるのが適当であるような問題」を対抗問題と呼べばいいとする立場からは、本文で述べたような議論は不要ということになろう（星野英一・民法概論Ⅱ〔合本再訂〕五三頁、シンポジウム「不動産物権変動と登記の意義」私法三七号一一頁〔林良平〕など参照）。
(6) 石田文次郎・物権法論〔全訂改版〕一五二頁。なお、篠塚昭次・民法セミナーⅡ一一〇頁も参照せよ。

（7） 川島武宜・民法総則四四一頁。なお、取消権者の請求権の内容等につき鈴木禄弥・物権法の研究二二九頁以下参照。

（8） 鈴木禄弥・物権法講義〔四訂版〕一二四頁、広中俊雄・物権法〔第二版増補〕一二〇頁以下、同・前掲法時四九巻六号四八頁（広中俊雄著作集4四六頁）。

三　妥当な解決に向けて

1　無権利説の修正

無権利説は、前述のように、論理構成上の無理が少ないけれども、第三者保護の問題を残していた。判例・通説が取消し後の第三者との関係を対抗問題として処理したのは、無権利者からの譲受人を保護しようとするために、公示の原則を本来公信の原則の機能すべき場面に転用したものであることを明らかにした点に、無権利説の学説史的意義がある。それゆえ、無権利説は、第三者保護の問題を、「対抗」という法技術によってではなく、取消しの遡及効の制限（九六条三項等）、または表見法理（九四条二項の類推適用）によって処理している。

(1)　九六条三項類推適用説

九六条三項は、一般に、取消しの遡及効を制限する規定であるから、取消しの遡及効によって直接その権利を害される者すなわち取消し前の第三者についてのみ適用されると解されているが、川島博士は、これを取消しの前後を問わず「およそ詐欺による意思表示があったことを知らなかったすべての第三者を保護する趣旨」と解し[1]、原島教授は、この趣旨をさらに拡大して、強迫の場合にも、取消しの前後を問わず、九六条三項を類推適用すべきであるとしている[2]。

(2)　九四条二項類推適用説

幾代教授は、「取消権発生の原因から自由になり、取消しうべき行為の外形たる登記を有効に除去しうる状態になりながら、なおそれを除去せずに放置することは、虚偽表示に準ずる容態である」として、その後に右の外形を信頼して利害関係を有するに至る第三者は、虚偽表示の場合に準ずる要件のもとで保護を与えられるべきであるとしている[3]。

この説は、九四条二項の類推適用によって、事実上登記に公信力を認めたのと同一の効果を導こうとする判例理論の展開[4]と相まって近時ますます有力になりつつある[5]。前述の判例・通説の三つの不都合に関する議論をみると、(a)論理的には無権利説で一貫し、(b)善意無過失の第三者のみを保護し、(c)取消し前に登場した第三者も、取消権者が「みずからのなした行為が取消しうべきものであることを了知し、かつその追認をなしうる状態に入ったとき」以降に登場したのであれば、保護されるとして、これらをすべて克服しており、極めて完成度の高い学説だといえる。

しかし、幾代説にも批判が存しないわけではない。その最も重要なものは取消し前の第三者にかかわるものであり、二つの異なる視点から批判されている。第一に、そもそも、取消し前の第三者まで保護するのは行き過ぎではないかとする批判があり[6]、第二には、取消し前の第三者も保護されるべきであるとの前提のもとで、取消権者には取消しをすると否との自由があり、取り消しうるのに取り消さないでいるということ自体には、対抗問題説の考慮の対象となるような意味での怠慢はあっても、九四条二項類推の基礎となりうる——世人を迷わすような外形を除去すべく合理的な努力をするべきなのにしないでいるという意味での——怠慢は存しないという批判がある[7]。さらに、BC間での譲渡行為があった時点では、不確定的とはいえBは真正権利者であったことも、九四条二項の類推になじみにくくしているように思われる[8]。

2　対抗問題説の修正

対抗問題説の最大の難点は、取り消さないでいることがやむをえないと評価される取消権者まで犠牲にしてしまうおそれのあることに存した（悪意の転得者については「背信的悪意者排除説」で処理される）。

鈴木教授は「取消権発生の原因が止み、かつ、取消権者が取消の理由のあることを知ったとき以降に登場した第三者」との関係では、取消しによる物権復帰を対抗するのに登記を要するとし[9]、広中教授は、第三者の登場が取消し前であっても取消し後であっても対抗問題としての処理をすべきであるが、「Aが取消をしてBから登記を回復するための法的手段をとりうる状態にないと認められる間に第三者Cが登記を経由した場合には、Aは、取消をなしうべき状態になったのち遅滞なく取消をするとともにCに対し登記回復のための法的手段をとることによって、Cに対し、一七七条適用の基礎が欠けていた旨を主張しうる」としている。[10] 法的な構成は少し異なるが、どちらの説も、「自己の物権を登記しうる状態にある者が登記を怠っている場合には、不利益を受けても仕方がない、という対抗要件主義の根本精神[11]」を徹底し、取り消して登記を回復できるのにそれをしない者についてもこれを適用しようとする意図に出たものであることは、明らかであろう。

対抗問題と第三者保護の問題（公信問題）は区別されるべきであるとの認識を了知しながらも、あえて従来以上に広く一七七条の適用を認めようとする態度は、川井健教授において最も顕著にみられるところであるが、[12] こうした考え方は、背信的悪意者排除説の確立を前提とし、それをさらにいっそう柔軟に——場合によっては単純悪意者や過失ある善意者をも排除するものとして——運用すべしとの解釈と一体となって主張されていることに注意すべきであろう。この種の解釈は、何らかの形で不動産登記の関係する紛争のすべてについて、既存の法理のみを用いて、最も柔軟な解決をなしうるものの一つであり、今後ますます有力化するであろうと思われる（方法論上の議論は呼び起こすであろうが）。

3　擬制信託説

谷口博士は、無因説に立ちながら[13]、第三者Cは、AB間の契約が取り消されたこと、または取り消されうる瑕疵をもっていることを知りまたは知ることができた場合、および善意無過失であっても無償の取得者である場合には、Aの（債権的な？）返還請求に応じなければならないと解している。[14] 結論において極めて妥当であるが、英米法上の概念をわが国の民法体系と整合的に組み替える作業が必要とされているように思われる。

（1）川島武宜・民法総則三〇一頁。

（2）原島重義・注民(6)二八六頁。なお、半田正夫・民法一七七条における第三者の範囲〔改訂版〕四三頁は、強迫による取消しの場合に、取消し前の第三者を九六条三項の類推適用によって保護し、取消し後の第三者については一律に九四条二項の類推適用によるとしている。

（3）幾代通「法律行為の取消と登記」於保不二雄先生還暦記念・民法学の基礎的課題(上)五三頁以下。ただし、下森定「判批」判タ三二二号九〇頁などの批判を受けて、詐欺による取消しの場合には、取消し時までは九六条三項により、取消し時以後は九四条二項の類推によると改説した（幾代通「法律行為の取消と登記─再論」法総研編・不動産登記をめぐる今日的課題一一四頁など）。なお、下森定「『民法九六条三項にいう第三者と登記』再論」薬師寺博士米寿記念・民事法学の諸問題九九頁、同「法律行為の取消と登記」ロー・スクール二三号（一九八〇年八月号）五九頁、不動産登記制度研究会「不動産物権変動の法理」ジュリ増刊六〇頁以下〔下森報告〕、加藤一郎・民法ノート(上)五六頁なども参照せよ。

（4）川井健「民法九四条二項類推適用論」不動産物権変動の公示と公信六五頁以下など参照。

（5）たとえば、石田喜久夫・物権法〔第二版〕三六頁、前掲シンポジウム・私法三七号四三頁〔遠藤浩〕など。
(6) 四宮和夫＝能見善久・民法総則〔第七版〕二〇九頁、四宮・前掲論文一〇頁は、取消し後の第三者についてのみ九四条二項の類推を認めるとする。水沼宏「登記原因の取消・解除」不動産登記講座Ⅱ一四五頁は、このような観点から基本的には判例・通説に与し、例外的場合に九四条二項の類推適用によって取消し前の第三者を救済するものとしている。
(7) 広中・前掲法時四九巻六号五二頁（著作集4五八頁）、我妻＝有泉・新訂物権法一〇〇頁。これに対する反論として、下森・前掲ロー・スクール二三号五九頁以下など参照。
(8) 半田・前掲四三頁が取消し前は九六条三項の類推としているのも同様の考慮に基づくものと解される。なお、本稿四も参照せよ。
(9) 鈴木禄弥・物権法講義〔四訂版〕一二四頁。ただし、制限行為能力を理由とする取消しの場合には、制限行為能力者保護という特別の要請から、取消権が行使されて初めて対抗問題が生じるものとする。
(10) 広中俊雄・物権法〔第二版増補〕一三〇頁。
(11) 鈴木・前掲書一二四頁。
(12) 川井健「不動産物権変動における公示と公信」不動産物権変動の公示と公信一五頁以下。
(13) 幾代・前掲於保還暦記念(上)六三頁、広中・前掲法時四九巻六号四九頁（著作集4五〇頁）は、谷口説を無権利説の一種と捉えられるが、少しく範疇を異にすると解される。
(14) 谷口知平「無効・取消・解除と物権変動」法セ三〇四号（一九八〇年六月号）三二頁など。槇悌次・物権法Ⅰ一一九頁も、基準時を別にするが、擬制信託関係を認める。

四　むすびにかえて――「公信力説」の可能性

1　以上みてきたように、ここでの問題については、判例・通説のほかに、①取消しの遡及効＋有因的構成→物権変動の遡及的消滅→無権利の法理→九四条二項の類推といった構成と、②取消しの遡及効＋無因説または取消しの効果の非遡及＋有因的構成→復帰的物権変動→対抗問題→背信的悪意者の排除という構成との二つの有力な途がある。これら二説は、法的構成において大きく異なるが、実質的価値判断においては、さほど顕著に相違をもたらさない。どちらの説も、結局のところ、Bの登記を真実の、あるいは瑕疵のないものと信じたCと、取り消したのに登記を放置しているA、または取り消して登記名義を回復しうるのにこれをしないAとのどちらを保護すべきかという問題に帰着する。近時の学説の大勢は、その場合に善意のCを保護すべきであると考えてきたのだが、そのことを説明するために、善意のCは表見法理によって例外的に保護されるとするか、Cは原則として常に保護されるが（背信的）悪意の場合には例外的に権利主張が制限されるとするか、二つの説明方法があるということである。九四条二項の類推適用と背信的悪意者の排除とが、一つのことがらの表と裏の関係にあることが、ここからも推測されよう。「取消しと登記」の問題については、本稿で触れることのできなかったなお多くの論点も存するが、何よりも、登記の紛争解決機能一般についての再検討を促す問題としてこれを捉えることが必要であると思う。

2　ここでの問題に限らず、広い意味で「対抗問題」と称されてきた問題はすべて、登記を怠った真正権利者の帰責事由と虚偽の登記を真実のものと誤信した第三者の保護事由との相関において解決されるべきであるという主張を意識的に展開してきたのが、いわゆる「公信力説」である。私の理解する「公信力説」の論理構造からすれば、ここでの問題については、九四条二項類推適用説と同一の判断を一七七条の枠内で行うことになるはずである。[(1)] したがって、「公信力説」にとっても、取消し前の第三者に対する関係をいかに説明するかが最大の課題になると思われる。

九四条二項類推適用例[(2)]が拡張傾向にあることも考慮すれば、無効の主張を遅延した場合に善意の第三者が保護されることもありうると思われ、取消権者を無効行為者以上に保護すべき理由もないから、取消権者が取消権を行使しないことについての帰責事由が明確に認められる場合には、善意の第三者を保護することにしてよいであろう。その場合、公信力説の発想からいけば一七七条によって処理することになるのが自然であろうが（公信力の発想を伝統的理解と調和的に展開させようとするなら対抗問題について川井説のような説明方法[(3)]を採るのが無難であろう）、取消し前のBは不確定的にではあれ真正権利者であるから、「公信力」を持ち出すまでもなく転得者Cは所有権を取得しているのである。問題は取消権あるいは取消しの遡及効を対抗することでCがいったん取得した所有権を失わせることが妥当か否かの点にあるのだから、表見法理や登記の公信力によってではなく、九六条三項や九五条四項を類推することでCを保護するとの解釈も検討されてよいと思われる。とはいえ、錯誤・詐欺以外の場合には取消し前の第三者は保護しないというのが九五条四項・九六条三項の趣旨である以上、錯誤・詐欺以外の事由に基づく取消しの場合にただちに九五条四項・九六条三項を類推するのは、いかにも苦しい。取消権者に被詐欺者や錯誤者・虚偽表示者以上に強い帰責性が認められる場合に限って、九五条四項・九六条三項および九四条二項の「趣旨」を類推して取消し前の善意または善意無過失の転得者を保護するというのが精一杯のところであろう。

（1）ただし、石田（喜）・前掲箇所は九四条二項の類推によるとし、半田・前掲箇所は九四条二項または九六条三項の類推適用によるべしとし、篠塚・前掲箇所は無因説または取消しの効果の間接効果説的構成に基づく解釈論を展開しており、公信力説の真価が発揮されているとはいい難い。

（2）たとえば、最判昭45・9・22民集二四巻一〇号一四二四頁、最判昭48・6・28民集二七巻六号七二四頁、川井・前掲書八二頁以下など参照。

（3）ただし、ここでの問題についての川井説は四宮説と同旨（川井健・設例民法学2四五頁）。

8　相続と登記

一　問題の所在と判例

1　相続と登記の関係については、さまざまな場面で難しい問題が生じている。

生前相続が認められていた時代には、相続開始後に被相続人が相続財産中の不動産を第三者に譲渡するといった事件の生ずる可能性もあり、相続による所有権取得それ自体を対抗するにも登記を備えていなければならないのではないかとの問題（狭い意味での「相続と登記」の問題）が存し、有名な物権変動原因無制限判決（大連判明41・12・15民録一四輯一三〇一頁）は、家督相続のように法律の規定によって生ずる物権変動も、登記がなければ第三者に対抗できない旨判示した(1)。

2　しかしながら、生前相続の制度が廃止された現行法のもとでは、右のような形で「第三者」が登場することはありえず、相続と登記をめぐる問題状況も変化している。ここでは、現行法のもとで問題となりうる事例を掲げ、それに対する判例の結論を摘示することにしよう。

(1) **相続介在型二重譲渡**

Ａが自己所有不動産をＣに譲渡したが、その旨の登記を経ないまま死亡した場合、Ａの相続人ＢとＣとの関係は当事者関係と同視でき、一七七条は適用の余地がない。しかし、Ｂが当該不動産をＤに譲渡した場合には、ＣとＤとは、同一の前主Ａ＝Ｂからの二重譲受人とみなされ、対抗の関係に立つ（最判昭33・10・14民集一二巻一四号三一一一頁、大連判大15・2・1民集五巻四四頁）。

(2) **表見相続人**

Ａが死亡し、子Ｂがその財産を相続してこれをＤに譲渡した後に、Ｂにつき欠格事由が存し、本当の相続人は父Ｃであることが判明したような場合には、Ｃは、全くの無権利者たるＤに対して、登記なしに相続による所有権取得を対抗することができる（大判大3・12・1民録二〇輯一〇一九頁）。

(3) **共同相続と登記**

Ａが死亡し、子Ｂ・Ｃが共同してこれを相続したが、遺産分割前に、Ｂが偽造文書によって相続財産中の不動産につき自己単独名義での登記をなし、これ

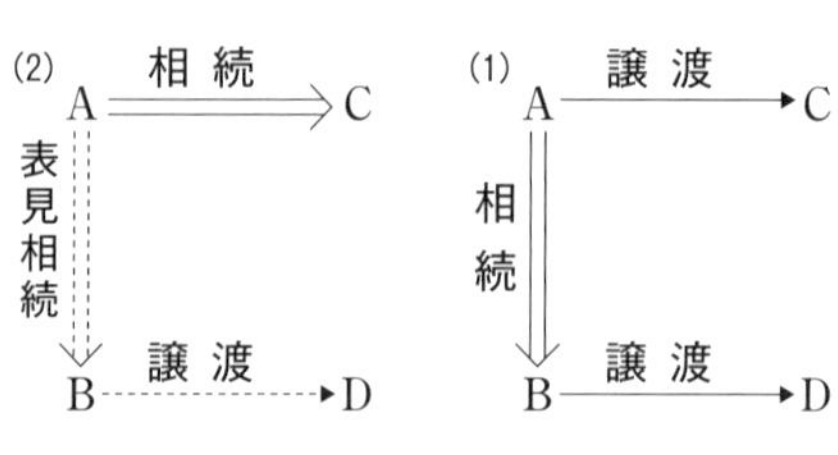

をDに譲渡した場合、Cは自己の法定相続分二分の一について、登記なしにDに対抗できる（最判昭38・2・22民集一七巻一号二三五頁[2]）。

(4) 遺産分割と登記

共同相続人B・Cは、遺産分割の協議により、相続財産中の不動産をCの単独所有にするものとしたが、その旨の登記を備えずにいたところ、Bが右遺産分割を無視してB・Cの持分をそれぞれ二分の一とする共同相続の登記をした上で、二分の一の持分をDに譲渡した場合、Cは法定相続分二分の一を超える権利の取得につき、登記なしにはDに対抗することができない（最判昭46・1・26民集二五巻一号九〇頁[3]。八九九条の二第一項参照）。

(5) 相続放棄と登記

共同相続人B・C・DのうちBが相続を放棄したが登記未了の間に、Bの債権者Eが法定相続分による共同相続の代位登記を経て、Bの持分三分の一を差し押さえた場合、C・Dは、登記なしに、Bの持分は相続放棄の結果C・Dの共同所有に帰している旨をEに対抗できる（最判昭42・1・20民集二一巻一号一六頁[4]）。

3　右の諸類型のうち、(1)と(2)については、あまり争われていない。(3)について最も激しく争われ、(4)および(5)については、主として両者の異同が論じら

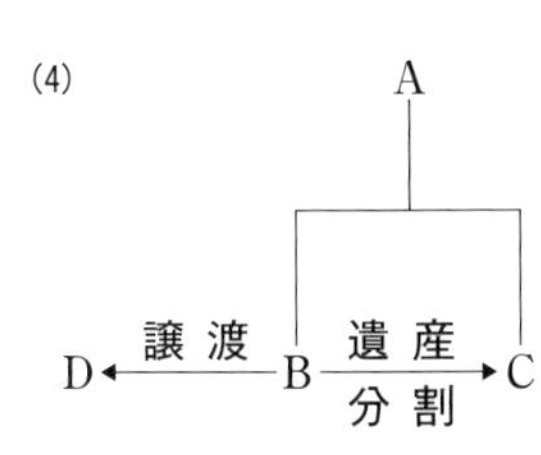

(5)
A
E 差押え (B) C D

れてきた。以下、(3)の議論および(4)と(5)の異同について説明を加えよう。(5)

(1) この判決の意義につき、中川善之助「相続と登記」相続法の諸問題一五九頁、於保不二雄「相続と登記」石田文次郎古稀記念論文集五七頁（於保・民法著作集Ｉ一八七頁）、原島重義「登記の対抗力に関する判例研究序説」法政三〇巻三号二三七頁、泉久雄「相続財産」総合判例研究叢書民法(26)二二九頁以下など参照。

(2) 瀬戸正二・判解民一五事件、石田喜久夫・民商四九巻四号五八八頁〔民法一七七条の判例九五頁〕、福地俊雄・法時三五巻八号八四頁、山崎賢一・法論三七巻一号一四九頁、宮崎俊行・法研三六巻一二号一三七二頁、西原道雄・不動産取引判例百選〔第二版〕五八頁、乾昭三・家族法判例百選〔新版増補〕二三八頁、品川孝次・民法の判例〔第三版〕六一頁、松岡久和・民法判例百選Ｉ〔第五版〕一一八頁、小野幸二・家族法判例百選〔第六版〕一四六頁、浦野由紀子・不動産取引判例百選〔第三版〕八二頁、七戸克彦・家族法判例百選〔第七版〕一四八頁、占部洋之・民法判例百選Ｉ〔第八版〕一二一頁など。

(3) 野田宏・判解民三事件、石田喜久夫・判タ二六三号七二頁〔前掲書一〇五頁〕、岡垣学・民商六五巻六号九八六頁、高木多喜男・法時四三巻一一号一七〇頁、甲斐道太郎・法時四三巻一二号一五九頁、高野竹三郎・昭四六重判解六一頁、星野英一・法協九〇巻二号四〇一頁〔民事判例研究三1一五三頁〕、品川孝次・家族法判例百選〔新版増補〕二四〇頁、伊藤昌司・法雑一八巻一号一四五頁、松岡久和・民法判例百選Ｉ〔第五版〕一二〇頁、浦野由紀子・不動産取引判例百選〔第三版〕八四頁、大塚直・

民法判例百選Ⅰ〔第八版〕一五〇頁など。

(4)　鈴木重信・判解民五事件、石田喜久夫・民商五七巻二号二二二頁〔前掲書一一五頁〕、谷口知平・法時三九巻九号一〇三頁、有地亨・判評一〇三号一九頁、金山正信・ジュリ三九八号三五四頁、星野英一・法協八五巻二号二一八頁〔民事判例研究二1一六一頁〕、石田喜久夫・家族法判例百選〔新版増補〕二四三頁、山本敬三・家族法判例百選〔第七版〕一五二頁など。

(5)　その他の関連問題につき、金山正信「法定相続分と異なる相続分と登記」於保不二雄先生還暦記念・民法学の基礎的課題㊥二六七頁、幾代通「遺贈と登記」現代家族法大系5一二七頁、岡孝「死亡による物権変動と登記」分析と展開民法Ⅰ〔第三版〕一九三頁以下、原島重義＝児玉寛・新版注民(6)五二七頁以下など参照。

二　共同相続と登記

1　右の(3)の問題について、大審院時代には、相対立する二つの判決が存したが（大判大8・11・3民録二五輯一九四四頁、大判大9・5・11民録二六輯六四〇頁）、前掲の最高裁昭和38年判決は、「相続財産に属する不動産につき単独所有権移転の登記をした共同相続人中のBならびにBから単独所有権移転の登記をうけた第三取得者Dに対し、他の共同相続人Cは自己の持分を登記なくして対抗しうる」と説示し、大正8年判決を踏襲することを明らかにした。

その理由として、「Bの登記はCの持分に関する限り無権利の登記であり、登記に公信力なき結果DもCの持分に関する限りその権利を取得するに由ないからである」と説く。この理由は明快であって、多くの学説の支持を得ている（川島・末川・柚木＝高木・於保・金山・林・福地・田中・原島・石田・槇など）[1]。

2　これに対して、前掲大正9年判決は、死亡相続による所有権取得も登記なしには第三者に対抗できないとしていた[2]。今日では、この種の理論構成を採る学説は存しないようであるが、この判決が登記なき共同相続人の保護よりも「取引の安全」の保護を重視した点は、のちの有力な学説に受け継がれている。たとえば、我妻・舟橋両博士は、共有は数個の所有権が同一物上に制限し合って存在するものであり、一方が消滅すれば他方は当然に復元する点で（民二五五条）、所有権と制限物権の関係に類するとして、あたかもCの制限物権が登記されていなかった場合のように、Dは完全な所有権を取得すると説く[3]。また、中川博士は、かつて、分割前の共同相続人B・Cは、内部関係上は共同的であるが外部関係上は各人が完全独立の権利義務主体とみられ、それぞれに「関係的所有権」を有するものであり、第三者もまたその「関係的所有権」を取得できるとして、C・Dの争いを対抗問題であると解していた[4]。しかし、これらの解釈は、共有の弾力性や遺産共有の性質あるいは対抗問題の意義についての特殊な理解を前提としており、有力な学者の説であるにもかかわらず、あまり多くの賛成者を得ることができなかった。

3　ところで、これらの諸説が、おそらくは無理を承知で、対抗問題たるべきことを主張するのは、一般に第三者Dは有償の取得者であるのに相続人Cは無償取得者であること、第三者にとって遺産分割の有無・内容さらには法定相続分率を確知することは必ずしも容易でないこと、共同相続人間には――卑俗な言い方をすれば身内の不始末は身内で尻ぬぐいせよと命じうるような――緊密な関係があること、遺産共有状態は暫定的・浮動的であり、すべての共同相続人が単独所有者となる可能性を有していること、遺産分割前の共同相続登記と分割後の共有登記の判別は容易でないことなどの諸事情を勘案すると、せめて対抗問題を「転用」して第三者を保護せねばならないと考えたからであると推測される。そのような事情を、より直接的に表明しようとする論者は、この問題に関しては登記に「公信力」が認められているとしたり、[5] 表見代理の成立する可能性を示唆したり、[6] さらには、「解釈論理上の無理には目をつぶって」対抗問題として処理しようと主張している。[7]

4　第三者保護の必要性は一般的に認めうるところであるが、その要請に応えるために「対抗」の法技術を「転用」することは、悪意の第三者を保護する結果ともなり、好ましくない。そのために「解釈論理上の無理」をしなければならないのであっては、なおさら賛成し難い。本来の対抗問題ではないが登記を信頼した第三者を保護する必要がある場合について、九四条二項を類推適用して妥当な解決を図ろうとする考え方が近時ますます有力であり、ここでの問題についても、当面、判例・通説を前提として、第三者Dは、Bの持分二分の一については無権利者からの譲受人であるが、九四条二項の類推適用によって、これを取得しうる（一七七条は適用されない）という考え方を採るのが穏当なところであろう。[8]

しかし、九四条二項の類推適用またはより広く表見法理による処理（第三者保護の必要性が最も強いのは、共同相続人の一人が遺産全体を管理している場合であり、このような場合には一一〇条の類推適用が考えられてよい）は、真正権利者が自らの意思で虚偽の外観を作出したか、あるいはこれと同視しうる程度の帰責事由が存することを要求する。したがって、その適用にあたっては、共同相続人Cが相続開始やBの冒認単独登記の事実を知っていたか否か、その後どの程度の期間放置されていたかなどの事情が、[9]当然、考慮されねばならないが、同時に、相続開始直後ただちに共同相続登記をし、遺産分割後に持分移転登記せよと期待することが現実的であるかどうかについても配慮する必要がある。[10]この点、遺産分割前の権利関係は浮動的であり、共同相続人が個々の財産について相続分に応じた権利を有しているとの意識は稀薄であり、いったん共同相続登記をした上で分割後に再度の登記をすることは期待し難く、実際にも行われていなかったことを無視できない（そのため令和三年に相続等による所有権取得の登記の申請を義務化する不登法七六条の二が設けられたが、相続と登記に関する判例理論に直接には影響しない）。さらに、相続財産は相続人の生活の保障としての側面を有していることからも、係争不動産の占有状態等には十分留意されるべきであろう。

(1) これらの学説を概観するものとして、泉久雄「共同相続・遺産分割と登記」不動産登記講座Ⅰ二五四頁。

(2) 同旨、末弘厳太郎・物権法上巻一二九頁。

(3) 我妻栄・物権法七五頁(ただし、我妻栄＝有泉亨・新訂物権法一一三頁は、Dの善意を条件とする)、同・民法案内Ⅲ九九頁、我妻栄＝幾代通＝川井健・民法案内3八六頁、舟橋諄一・物権法一六五頁、同・「相続と登記」穂積先生追悼・家族法の諸問題三七七頁。

(4) 中川善之助・前掲相続法の諸問題一五九頁。現在の説は、中川善之助＝泉久雄・相続法〔第四版〕一九九頁。

(5) 山中康雄・註釈相続法(上)(中川編)一一九頁。

(6) 我妻栄＝唄孝一・相続法(判例コンメンタールⅧ)八五頁。

(7) 鈴木禄弥・相続法講義(有斐閣版)一八三頁。ただし、鈴木教授は、相続法講義(創文社版)二八九頁において、改説し、通説に与するに至っている(同〔改訂版〕三三三頁参照)。なお、鈴木禄弥＝唄孝一「共同相続と登記」鈴木・物権法の研究三三三頁以下も参照せよ。

(8) 高木多喜男「相続と登記についての一考察」民研二一七号八頁、品川孝次・民法の判例〔第三版〕六六頁、槇悌次「共同相続と登記」現代家族法大系5八八頁、川井健「相続と登記」法セ三〇四号(一九八〇年六月号)四三頁、高木多喜男「相続と登記」不登研「不動産物権変動の法理」ジュリ増刊一〇六頁など。この考え方によれば、前掲一(2)の表見相続人からの譲受人についても保護を与えることが可能となる(広中俊雄・物権法〔第二版増補〕一四九頁参照)。なお、「公信力説」によれば、同一の判断を一七七条の枠内で行うことになろう。相続回復請求権の短期消滅時効を通じて第三者を保護するものとして、有地亨・判例と学説4（川井編）三一一頁がある。

（9）相続開始直後の遺産共有と一定期間経過後のそれとで性質が異なりうることにつき、中川・前掲論文参照。

（10）登記手続に伴う問題につき、幾代通「不動産相続登記の実態」法学二八巻二号一三七頁、原島重義「遺産分割と登記手続」家族法大系Ⅶ二九頁。

三　遺産分割と相続放棄

1　遺産共有の性質については共有説と合有説の争いがあるが、いずれの説を採ろうとも、遺産分割前に、相続財産中の不動産について権利を取得した者は、譲渡人の有する持分の範囲内で九〇九条ただし書により保護される(1)。

遺産分割によって、相続不動産について法定相続分を超える持分を取得した共同相続人は、法定相続分については登記なしに第三者に対抗できるが、法定相続分を超える持分権については登記がなければ対抗しえないとするのが判例（前掲最判昭46・1・26）・通説（鈴木＝唄・中川＝泉・高野・広中・品川など）であり、これらを踏まえて平成三〇年に八九九条の二が設けられた（同条は「相続させる」旨の遺言による権利承継は対抗要件なしに第三者に対抗できるとしていた判例を変更するが、その他の点では従来の判例を踏襲するものと評しうる)。

民法九〇九条本文は、遺産分割の遡及効を定めている(宣言主義)。これを文言どおりに当てはめるならば、Aが死亡して子B・Cがこれを相続し、協議によって不動産はC、動産はBがそれぞれ単独で相続すると決めた場合には、当該不動産はAが死亡した瞬間にCに移転したものとして取り扱われ、Bはその不動産について最初から全くの無権利者であり、Bからの譲受人Dに対して、Cは登記なくして自己の単独所有である旨を対抗できるということになるはずである(2)。

これに対して、前掲最判昭46・1・26は、「遺産の分割は、相続開始の時にさかのぼってその効力を生ずるものではあるが、第三者に対する関係においては、相続人が相続によりいったん取得した権利につき分割時に新たな変更を生ずるのと実質上異ならない」として、一七七条の適用を導いている。学説の多くも、Bの持分がCとDとに二重譲渡されたとみているようである。なお、ここで注意すべきなのは、二重譲渡関係が生ずるのは二分の一についてだけであるから、Dが単独所有権移転の登記を備えたとしても、二分の一の取得しかCに対抗できず、単独所有権の取得をCに対抗するためには別の法理によらざるをえない点である(3)。

2　相続放棄について、前掲最判昭42・1・20は、九一五条所定の期間内に放棄の申述をすると、「相続人は相続開始時に遡ぼって相続開始がなかったと同じ地位におかれることとなり、この効力は絶対的で、何人に対しても、登記等なくしてその効力を生ずる」と解し、学説もこれを支持している（品川・有地・森泉・藪・中川＝泉・広中・鈴木＝唄・高木など）。

3　遺産分割についても、相続放棄についても、民法は遡及効を規定している（九〇九条・九三九条）。にもかかわらず、判例・通説は、前者については遡及効の擬制であることを強調して、これを対抗問題とし、後者については遡及効を貫徹させ、放棄者名義での登記は無効であるとしている。両者の相違は、どこから来るのであろうか。

昭和46年判決は、遺産分割の効力と相続放棄の効力を別異に扱うことの理由として、①九〇九条ただし書が遺産分割の遡及効を制限しているのに対し、相続放棄の遡及効は絶対的であること、②その趣旨は、相続開始後遺産分割前に保護を要する第三者が出現することが多いのに対し、相続放棄は短期間にのみ可能であり、法定単純承認の制度もあるから、第三者出現の可能性は乏しいというところにあること、③遺産分割後に、分割前の状態の外観を信頼した第三者が登場することは、相続放棄よりも多く予想されること、などを掲げている。学説は、さらにこれを補充して、④相続放棄は相続資格の遡及的消滅をもたらす行為であるのに対し、遺産分割は贈与を含む交換であること、⑤相続放棄の有無は家庭裁判所で確かめうること、⑥放棄について遡及効を徹底させないと、第三者に対する関係で物権を保持するが債務は免れる結果になること、などを掲げる。[4]

4　判例・通説の掲げている理由のうち、論理構成上①と④が最も重要であろうと思われる（②は①の理由を述べるだけであって、遺産分割または相続放棄の後に登場した第三者との関係が問われている当面の問題とは関係がない）が、④については、相続放棄を持分の贈与と解せなくはないとの批判がある。[5] 相続財産中に債務が全く存在せず、もっぱら手続の簡易化を図るために、相続放棄の申述の方法によらず、熟慮期間内に相続財産の全部を共同相続人中の一人に帰属させる旨の協議をととのえたような場合（事実上の相続放棄）を、放棄の申述をなした場合と全然違うものとして取り扱ってよいかどうかについても疑問なしとしない。また、①についても、九三九条に遡及効制限の規定が存しないのは、相続開始後放棄前に第三者が登場する可能性は極めて小さい（九二一条との関係で、差押債権者以外の第三者を想定することは困難であり、後述のごとくこの場合の差押債権者の保護の必要性は小さいと考えられる）から、その必要がないためであるとも解しうる。言い換えれば、九二一条一号が遺産分割における九〇九条ただし書と同一の機能を果たしているがゆえに、あえて遡及効を制限する規定を設ける必要がなかったにすぎず、両者の遡及効の間に差を設ける趣旨ではないとも解しうるのである。また、判例の述べている理由③のように、放棄後の第三者については保護の必要がないと簡単に言い切ることにも疑問が残るし、⑤の理由にはほとんど実際上の意義を認めることができない（Bが相続を放棄したから持分が増大したと称するCと取引しようとする者がBの放棄の事実を確かめようとすることは期待されるが、Bには持分があることを前提として取引しようとする者に、Bがどこかの裁判所で相続放棄の申述をしているかもしれないので、これを調査せよと期待することは現実的でないだろう）。

このように考えると、遺産分割に関しては「対抗問題」とし、相続放棄については「無権利の法理」を適用するという割り切り方は、必ずしも説得的ではないように思えてくる。

5　ただし、次の点は、無視してはならない。「取消しと登記」の問題に関連してみたように、判例は、対抗問題であるか否かを判定するに際して、「登記できるのにこれを怠った」という事情があるか否かを重視していると解される。これとの関係では、遺産分割も相続放棄も、さらには遺産分割前の遺産共有も、法律上その旨の登記をなすことが不可能であるとはいえないが、実際には、前述のごとく、令和三年に新設された不登法七六条の二が施行される以前には最終的な分割が終了するまで登記をしないのが普通であったという事情を前提とするならば、遺産の分割が完了したときは遺産をめぐる権利関係の浮遊状態は終了したのでただちに登記をなすべきであるけれども、相続放棄があっても、それによって共同相続人間の権利関係が終局的に確定するわけではなく、放棄者を含めた共有状態から放棄者以外の共同相続人の共有状態に変化するにすぎず、ただちにその旨の登記をしていなくてもやむをえないといえそうである。

しかし、たとえば共同相続人B・CのうちBが放棄し、Cが単純承認をしたような場合には、それによって権利関係が確定するのであるから、Cは、Bの放棄の事実を知った後ただちに登記を備えるべきであるといえよう。したがって「登記できるのにこれをしなかった」というところに登記の紛争解決機能の根拠を求めるならば、遺産分割の場合か相続放棄の場合かで単純に区別してしまうことは不適切だということになる。また、遺産分割の場合でも、判例・通説の理論構成によると、右の1に掲げた例の場合にDは二分の一の持分しか取得できなかったが、右にみたような価値判断からは、遺産分割手続が完了し、Cが単独所有の登記をするのに何の障害もなくなった以上、Cは登記をしなかったことを理由に所有権全部を失ってもやむをえないと解すべきように思われる。

そこで、私は、遺産分割についても、相続放棄についても、二で述べたところと同様に、虚偽の権利外観の作出ないし存続について真正権利者に帰責事由が存するという条件のもとで、善意ないし善意無過失の第三者の権利取得を認めるべきであると考える。その説明方法としては――現在の判例・通説の傾向や平成三〇年に新設された八九九条の二などと正面から対立しようとしないならば――法定相続分等については無権利の法理を前提として九四条二項を類推適用するとともに、対抗問題となる部分については「背信的悪意者」の認定を柔軟に行っていくことになろう。(8)

6　表見法理によるにしろ背信的悪意者排除説によるにしろ、そこで考慮さるべき事情のうち、とくに注意を要するのは、差押債権者の取扱いである。(9)とりわけ相続放棄に関しては、差押債権者との関係で争いになる比率が高いように思われる（ここで問題となるのは相続人の固有債権者であって、被相続人の債権者については難しい問題は生じない）。

債権者は、差押え時に債務者が現に有している財産からだけ弁済を受けられるのが本来であって、債務者が将来相続をし、放棄をすることもなく、遺産分割において不動産を取得するであろうなどと期待して信用を供与した債権者が仮にいたとしても、その期待は法的保護に値するものとは思われない。一般に、差押債権者も一七七条の第三者とされているが、そこでは、固有の意味での「対抗問題」が生じているわけでも、差押債権者の「信頼」が保護されているわけでもなく、真に物権が債務者の手を離れたか否かを判定するメルクマールとしての機能、ないし債務者が仮装の譲渡行為によって執行を免脱することを防止しようという一種公証的な機能が望まれていると解される。そういった観点から、差押債権者の取扱いを、一般的に見直すべきであると思うが、少なくとも相続放棄との関係では、家庭裁判所への申述によって公証的機能も充足されており、差押債権者を保護すべき必要性が小さいことに疑いはないであろう。相続放棄と登記の問題に関して判例が第三者の保護に消極的なのは、九二一条三号との関係で、差押債権者以外の第三者を想定し難いことも関係しているのかもしれない。

7　以上みてきたように「相続と登記」の問題においても、登記を備えていない相続人と、登記を信じた第三者または共同相続状態にあるとの外観を信じた第三者のどちらを保護すべきかが問題とされており、前者を保護すべきである場合には「無権利の法理」が適用され、後者を保護すべきであると判断されるべき場合には「対抗問題」としての処理がなされている。

その法律構成にあたっては、遺産共有の性質、遺産分割の遡及効および相続放棄の遡及効などの解釈の仕方が重要な役割を果たしているが、実質的な価値判断は、遺産共有の浮動的性質を前提にしつつ、持分（相続分）取得の登記を備えていないことに対する非難可能性の大小に着目して行われてきたというべきであろう。そうであるならば、ここでの法律構成も、「取消しと登記」におけると同様、九四条二項の類推適用その他の表見法理によることが素直であったように思われる。

このようにして、従来「対抗問題」とされていた事例や「無権利の法理」によって第三者の保護が拒絶されていた事例について九四条二項の類推適用による処理がなされるようになり、他方で一七七条について「背信的悪意者排除」の法理がかなり柔軟に適用されてくると、固有の意味での「対抗問題」を特徴づけるものは、一体何であるのかを、もう一度疑い直してみる必要が生じてくるように思われる。一七七条自体も、「表見法理」の一つの現象形態であると解するのが、いわゆる「公信力説」である。この考え方の当否と適用可能性の検討が、今後の課題であるといえよう。

（1）九〇九条ただし書は遡及効制限の規定であるから、遺産分割後の第三者については適用されない（前掲最判昭46・1・26）。遺産共有の性質については、品川孝次「共同相続財産の法的性質(一)」ロー・スクール二五号六四頁以下、鎌田「遺産共有」川井＝鎌田編・基本問題セミナー民法3一八四頁以下など参照。

（2）同旨、加藤一郎・註釈相続法(上)（中川編）二〇五頁。

（3）ただし、我妻＝唄・前掲判コンⅧ一四四頁は「分割そのものの対抗要件を必要とする」といい、高木多喜男「遺産分割と登記」民法学7二七九頁、森泉章「遺産分割と登記」現代家族法大系5一〇九頁は、Bの持分だけでなく、Cが自己の法定相続分として有していた持分権も、分割後は、登記なしに第三者に対抗できなくなるとする。

(4) 甲斐道太郎・家族法判例百選〔第三版〕二二一頁、品川孝次「相続と登記」民法の争点Ⅰ一一二頁、藪重夫「相続放棄と登記」現代家族法大系5一一一頁など参照。

(5) 星野・法協九〇巻二号四〇五頁〔民事判例研究三1一五七頁〕。

(6) 本書一一六頁。

(7) 同旨、遠藤浩・家族法判例百選〔第三版〕二一九頁、有地・前掲論文三一二頁、広中・前掲書一五三頁など。

(8) たとえば、広中・前掲書一五三頁は、遺産分割と登記につき、法定相続分を超える部分については対抗問題とした上で単純悪意者も「背信的悪意者」として排除し、法定相続分については九四条二項を類推するとしている。しかし、一七七条と九四条二項では第三者の保護要件に微妙な差異があり、法律関係を錯綜させせかねないので、すべての部分について、単一の論理構成で説明できる方が望ましいと思われる。

(9) 鈴木＝唄「遺産分割と登記」前掲書三六六頁、星野英一・法協八五巻二号二二四頁〔民事判例研究二1一六八頁〕、石田喜久夫・民商五七巻二号二一七頁〔前掲書一二〇頁〕など参照。

9　取得時効と登記

はじめに

Ａ所有の不動産をＢが長期間占有し時効取得した。他方、Ａは、この不動産をＣに売却し、登記名義をＣに移した。ＢＣ間の法律関係を考えてみよう。

時効取得も登記がなければ第三者に対抗できないとすると、時効取得者Ｂは、時効完成の日を指折り数えて待ち、完成と同時に登記しなければならないことになる。こんなことができるのは悪意の占有者に限られ、自分の所有物だと信じて疑っていない善意占有者はかえって不利益を受けることにならないだろうか。また、「時効取得しましたから登記を移してください」と頼んだときに、原所有者が快く応じてくれることなど想像できるだろうか。占有開始の時に登記を備えていた場合以外に、時効取得者が時効による恩恵を享受することは事実上不可能となり、不動産について時効取得制度の果たす役割は極めて小さなものになってしまわないだろうか。

それでは、取得時効は占有の継続のみを要件とし、登記の具備を必要としていないのだから、登記なくして時効による取得を誰に対しても主張できるとしたらどうなるだろう。一度時効が完成すると、登記簿の記載は真実の権利関係を示さないものとなり、不動産を取得しようとする者は、登記簿を信頼しただけでは駄目で、現地に占有者がいるかどうか確かめ、その占有の由来・性質・期間などを何らかの手段で調べなくてはいけないことになってしまう。これでは、登記制度の機能は、著しく弱いものになってしまうだろう。

登記に基礎を置いた取引を保護すべき（登記尊重説）か、長期間継続した占有の効力を尊重すべき（占有尊重説）か。どちらをとっても不都合が残る。こうした場合、もう一度制度本来の趣旨に立ち返って検討し直すのが常道であるが、時効制度の趣旨についても、一七七条にいわゆる「対抗」の意義についても、極めて鋭い学説の対立が存することは、周知のところである。取得時効と登記の問題は、民法学における難問中の難問といえる。そもそも、このような難問の生ずる由縁は、時効が登記と無関係に進行し、かつ完成するという立場をとった日本民法の規定にあるとして、ドイツ法のように、登記の具備をも時効取得の要件とすべきであるとの立法論を示唆する見解もみられるが（末川）、意思主義・対抗要件主義を採るわが法制に登記簿時効制度はなじみにくいし、必ずしも常に具体的に妥当な結論を導くことにもならないと思われる。

一 判例理論とその問題点

いかに難問とはいえ、裁判所は、解答を保留するわけにはいかない。判例は、時効取得もまた登記がなければ第三者に対抗できない、との一般原則（物権変動原因無制限説）を前提として、第三者の範囲について次のような原則を確立している。すなわち、(イ)時効完成当時の所有者は、時効の完成によって所有権を失うことになるから、時効取得者との関係では承継取得の場合の「当事者」に相当する立場である（当事者の法理）が、(ロ)時効完成後に当該不動産について物権的利害関係を有するに至った者は、「第三者」である、というのがそれである（より詳しくは本書五五頁以下参照）。要するに、冒頭の例で、Cの譲受けが時効完成前であればBは登記なしに時効取得をCに対抗できるが、Cの譲受けが時効完成後だと、二重譲渡と同様の関係となり、Bは登記なくしてCに時効取得を対抗できないということになるのである。このように、判例理論によれば、時効完成時を基準にして、それ以前の譲受人に対する関係とそれ以後の譲受人に対する関係とで、取扱いが全く逆になり、この点が学説によって厳しく批判されることになる。

時効制度の趣旨からすれば、占有期間が長くなればそれだけ厚く法的な保護を受けられてしかるべきだと思われるが、判例によれば、占有期間経過前に登場した譲受人には（時効が完成しさえすれば）登記なしでも時効取得を主張できるのに、一〇年ないし二〇年の時効期間を経過した後には、新たに登場する譲受人に登記なしには対抗できない。これでは、長期間の占有の方が保護が薄いことになってしまうではないだろうか。

また、民法一六二条は、善意無過失の占有者については悪意占有者よりも容易に時効取得が認められるように時効期間を短縮しているのだが、たとえば占有開始後一八年目に第三取得者が登場し、登記を備えたとすると、一〇年の時効を主張する善意占有者は敗れ、二〇年経過後に時効を援用する悪意占有者は保護されることになる。これも、民法の予想するところと逆の結果ではないだろうか（一般に、善意無過失の占有者は二〇年の取得時効を主張することもできると解されているが、後述の登記可能時以後は対抗問題にするという価値判断との整合性に問題がある）。

同様に、判例によれば、時効取得者は時効の完成と同時に登記をすべきことになるが、これが可能なのは悪意占有者に限られ、この点でも善意無過失の占有者より悪意占有者の方が保護されやすいという不当な結果を導くことになる。

さらに、第三取得者Cの立場からいえば、取得しようとする不動産に占有者がいるとき、その占有の性質や瑕疵の有無、占有期間などを調べて、時効が完成していれば安心でき、完成していなければ、取得を手控えるか、ただちに時効の完成猶予または更新の措置をとることが要請されることになるが、これは事実上不可能ではないか、といったような批判が加えられることになる。

もっとも、判例の、時効完成時を基準とした区別も、全く理由のないものではなく、時効が完成するまでは時効取得の登記はできないから、登記を備えていないことを非難できないが、時効完成後は登記が可能になるのだから、登記をしなければ第三者に対抗できないとされてもやむをえない、という取消しと登記などの問題に関連してもみられた実務感覚にあふれた価値判断を基礎にしているとみられるのである。この点は、留意しておく必要がある。

二　登記尊重説の立場から

近代的な不動産取引は、登記簿に記載された内容を基礎として迅速・安全に行われなければならないとする立場からは、判例の「時効取得も登記しなければ第三者に対抗できない」とする大前提を維持しなければならない。その上で、判例理論の矛盾ないし不都合を回避しようとするならば、時効完成前に登記に基づいて物権が取得された場合には、その登記以後においてさらに時効取得に十分な時間だけ占有が継続された場合でなければ時効取得の効力を生じないと解すべきことになる。そう解さないと、占有期間の短い者を長期間占有した者より厚く保護することになりかねないし、登記簿を基礎にして取引をしたのでは不十分で、占有者の有無・占有の性質・瑕疵の有無・占有期間などを精査して取引をしなければならないことになってしまうからである。このように解すると、登記を時効の更新事由とするような結末になる（我妻・末川・鈴木・川井）。

しかし、登記をもって更新事由と解することは、無理がある。取得時効の更新事由は、真正権利者から占有者に直接向けられた権利主張または占有者からの承認に限られているからである。甲地の譲受人Bが乙地の一部を甲地に含まれているものと誤信して占有を開始したところ、乙地所有者Aが乙地全体をCに譲渡して登記も移した。ところが、AもCも同様にBの占有している部分はすべて甲地であり、乙地の一部について時効が進行しているとは夢にも思っていなかったというような場合にも、誰も知らぬ間に時効は更新されていたと解する必要があるのだろうか。この場合、Bは時効により無償で乙地の一部を取得しようとしているのに対し、Cは有償取得者であるのが普通だから、時効を更新させてよいとする主張もなされているが（良永和隆「取得時効と登記」森泉章教授還暦記念・現代判例民法学の課題二六一頁など）、むしろ通常の場合は、Bが占有部分全部についての対価を支払い、CはBが占有している部分を除いた残地についてのみ対価を支払っていて、Bの時効取得を否定することは、かえってCに不当な利益を与えることになるのではないだろうか。Bの時効が完成したのちにAC間の取引が行われた場合に、Cが先に登記を備えさえすれば、Bの時効取得が覆されると解するときにも、これと同じ問題が生ずることになる。

登記尊重説＝登記時効更新説を採ると、九年ごとに譲渡と登記が行われる限り、永遠に時効が完成しないことになってしまうのではないかという批判は、いささか挙げ足取りめくが、時効取得者に時効完成と同時に登記を具備することを要求するのは不可能を強いるに等しいという既述の事情は銘記しておくことが必要であろう。

三　占有尊重説の立場から

川島博士は、末弘博士の時効期間逆算説をさらに発展させ、時効制度は、何ぴとが「真正」の権利者であるかを、占有継続という事実に基づく法定証拠によって決定することを目的とするものであり、かつ、起算点がいつかというような過去の事実を詮索することをしないで、現在から過去に遡って時効期間を計算して法定証拠を作るという点にその本来の意義を有するものであるとして、判例が占有継続中に「真正」の権利者による権利変動や登記があったかどうか、時効の起算点はいつかなどを問題とするのは、制度本来の趣旨・意義に反すると主張された。

確かに、近代法における取得時効制度には、一定期間の占有の継続をもって、権原の完全なる証明（当該権利の起源から現在に至るまでの有効な物権変動の連続の完全な証明）に代えるという機能が期待されており、実際、たとえばフランスにおいては、不動産を取得しようとする者は、現在から遡って取得時効期間である三〇年間について権原の由来と占有の承継を調査すべきであり、またそれをもって足りると考えられており、現にそのように行われている。

しかし、この説によれば、時効取得者は、常に現時点を時効完成時とする時効を援用することで、その登記なしに現在の登記名義人に対して時効による権利取得を主張しうることになり、登記の機能を縮小するものだとの批判が加えられることになる。

これに対し、川島博士は、次のように答えている。日本民法典は「不動産についても占有だけで取得時効が成立するという立場を採っているのである。問題は、登記という一種の法定証拠と占有継続による時効という法定証拠とのいずれに、法的関係処理の上でどれだけの相対的重要さを認めるか、という価値判断にあるのであり、日本民法典の基本構想はかならずしも百パーセント不当でなく、登記による公示主義の貫徹もかならずしも百パーセント正当であるわけではない。私は一七七条の『第三者』の解釈についてと同様に、取得時効についても、民法典の基本構想にしたがうことに、それほど重大な支障は認められない、と考える」(川島武宜・民法総則五七二頁)。

これとは別に、そもそも時効取得にあっては「対抗問題」を生じないから、登記の有無は問題にならないとする説もある(於保・原島)。時効制度の趣旨からのアプローチと、対抗問題からのアプローチとが、ともに登記不要＝占有尊重説にたどり着いたことは興味深いが、一度時効期間を満了すると、以後当該不動産については登記が全く機能しなくなるという不都合が生ずることは否定できず(登記がある以上、これを信頼して取引をする者が登場することは不可避であるのに、その者は権利を取得できないという意味では、登記は他人を欺くための有害無益のものとなるといって過言でない)、この点について、前掲の川島説以上の積極さをもった正当化の根拠を説明することが、なお求められ続けているように思われる。

四　新たなアプローチ

時効と登記という二つの難物が複雑に絡み合っているので、ここでの問題は解決が極めて困難になっている。一方を重視すると他方の機能が損われるという両すくみ状況を呈している。両者の調和を図ろうとする説もないわけではないが、時効完成後の第三者に対抗するには登記を要するが、時効援用者は任意に起算点を選択できるとする説（柚木）も、時効取得を認める判決が確定した後は、登記なくして時効取得を第三者に対抗できないとする説（舟橋）も、時効援用の時からは登記を要するとする説（半田・滝沢）も、実際には、占有尊重説としてしか機能しないであろう。案外、判例理論こそが中庸を得た穏当なものかもしれない。

ところが、昭和四三年に、安達三季生教授は、法学志林六五巻三号一頁に「取得時効と登記」という論文を発表され、その中で、従来「時効と登記」の標題のもとで扱われてきた判例の多くは、AがBに不動産を譲渡し、占有を移したが登記をしないままでいる間に、Aが同一不動産をCに譲渡して登記も移したという二重譲渡の事案に関連するものであったことを指摘し、この二重譲渡型の事例を出発点として理論構成すべき旨を主張した。安達教授は、登記の対抗力の意義について法定証拠説を採り、取得時効制度には実体規定としての側面と法定証拠制度の側面があると解する立場から、一種の登記時効更新説＝登記尊重説を採っている。

安達説自体の賛成者は多いといえないが、判例理論は二重譲渡の事案について形成されていたという指摘は重要である。なぜなら、判例理論は、時効完成前には登記できないが、時効が完成すれば登記できるようになるということによってのみ正当化されうるものだったからである。二重譲渡型の事案では、時効取得者＝未登記第一譲受人は、占有のはじめからすでに登記できる状態にあったのであり、判例理論は、その正当化の根拠を揺るがされている。もちろん、未登記の譲渡行為と取得時効とは別個の物権変動原因であり、その効果も別々に考えるべきだと解する余地はある（自己の物の時効取得も可能であることを前提とする）。しかし、その場合でも、典型的対抗問題である二重譲渡において、登記の紛争解決機能が取得時効によって遮断されてしまう、言い換えれば、登記の懈怠という瑕疵が一〇年間の占有（第一譲受人は善意無過失以外でありえない）によって補塡されてしまうことは妥当か否かという問題が残されるのである。

また、二重譲渡型の事案に関する検討は、時効期間の逆算説にも反省を促すものであることを付言しておこう。たとえば、A所有不動産がBに譲渡され占有も登記も移された。それから九年後にBはその不動産をCに譲渡し占有を移したが登記を移さなかった。さらに半年後に、Bは同一不動産をDに譲渡し登記も移した。それから一年後に紛争が起きたという例で考えよう。AB間の譲渡行為が無効であったため（Bは善意無過失とする）、AとCとに争いが生じた場合には、Cは、前主Bの占有と自己の占有とを通算して一〇年半占有してきたことにより、時効取得したと主張できるだろう（一八七条参照）。しかし、CD間での争い（AB間の譲渡は有効）の場合に、Cは、同様にBの占有期間をも算入した上で、登記なくして時効取得をDに対抗できるだろうか。これを認めると、およそ一七七条の働く余地はなくなってしまいそうである。やはり、過去の事実を詮索し、紛争当事者の関係に応じた起算点を定めることは避けられないのではないだろうか。

このようにみてくると、具体的な紛争類型に応じてこの問題を考えようとするアプローチの仕方をする論者が、二重譲渡型の紛争につき登記時効更新説を採る傾向にあることも、首肯しうるものになってくる（安達・山田・星野・広中）。

しかし、登記尊重説に関連して示した境界誤認の事例のように、時効取得者に登記の具備を期待するのも難しく、第三者側にも当該土地部分を譲り受けたという意識もないような場合には、典型的な二重譲渡ケースとは別の考慮をしなければならないだろう。この点をも配慮して論ずるものとして、星野英一「取得時効と登記」鈴木竹雄先生古稀記念・現代商法学の課題㊥八二五頁（民法論集四巻三一五頁）をあげておこう。星野教授は、「根本の問題は、登記を得ていないという弱点（仮に瑕疵と呼んでおく）のある占有者につき、長期間の占有によってこの瑕疵が治癒されることを認めるべきか否かにある。そこで、各類型〔二重譲渡ケースを含む有効未登記型・原因無効型・原因不存在型・譲渡占有型・古来型・境界紛争型――引用者〕につき、どのような理由によって登記の欠缺が生じたのか、登記のないことについての帰責事由はどの程度に存在するか、登記名義人の登記に対する譲受人の信頼に合理性があるか、を参酌して、それぞれの類型における基本的な考え方を決するのが妥当である」として、さしあたり、二重譲渡ケースにつき登記時効更新説を、境界紛争型については原則として占有尊重説を採るべきことを提言されている。この考え方は魅力的であり、背信的悪意者排除説の活用により妥当な結論を導くことも可能であると考えられる（広中俊雄・物権法〔第二版増補〕一五四頁以下参照）が、二重譲渡ケースと境界紛争型の振り分けの困難が危惧される（安達三季生「取得時効と登記」石田編・判例と学説2二〇五頁以下も参照せよ）。

五　もう一つのアプローチ

法学セミナーの一九六五年一〇月号（一一五号）で、篠塚昭次教授は「時効取得と登記」と題する小品を著している（論争民法学1所収）。その中で同教授は「公信力説」からのアプローチを示唆している。背信的悪意者排除説の悪意者排除説への接近傾向、九四条二項類推適用例の集積という現実を前にして、公信力説的アプローチを無視するわけにはいくまい。近時の登記尊重説も、背信的悪意者概念の活用による結論の修正＝具体的妥当性の担保の可能性に言及することを忘れていない。

篠塚教授の公信力説は、「二重譲渡」の成立可能性を否定し、登記をしていないという帰責事由ある真正権利者（たとえば第一買主）の犠牲において、登記簿の記載を真実のものと誤信した善意無過失の第三者（たとえば第二買主）を保護するという構造を有する。この説の眼目は、未登記権利者が現実の利用（占有）をしている限り、第三者は悪意または有過失となり「公信力」による保護を受けられないとするところにある。名称から受ける印象とは逆に、判例・通説よりもはるかに静的安全に奉仕する機能を有しているのである。

この説によれば、星野説とは逆に、現にその土地の上に居住し生活している未登記第一譲受人の方が、隣地の一部を庭の一部として占有している者より厚く保護されるべきことになるのかもしれない（判例も、境界紛争型よりもむしろ二重譲渡ケースにおいて時効取得者を勝訴させている）。しかし、目的物利用の必要性をただちに判断基準の一つにすることは難しい。第三取得者に善意無過失を要求して、その認定に際してこれを考慮することがせいぜいであろう。それにしても、時効進行中の物を真正権利者から譲り受けた者に善意無過失を要求することは無意味である（ここでいう善意無過失は、正当な権原を有しないのに、それを有するものと過失なく誤信していることであり、真正権利者からの譲受人については、本来、善意・悪意の問題は生じえない）。

このように、時効取得と登記の問題には、なお多くの困難な課題が残されているが、近時の学説の大勢は、時効取得者が登記をしていないことについての帰責事由、第三者の登記に対する信頼の合理性、未登記占有者の保護の必要性などを比較考量し、時効と登記の両制度の趣旨を十分に生かしうる解決を見出そうという方向に傾いているといえよう（関係当事者間の利益状況を細かく考量して妥当な結論を導こうとするものに、水本浩「取得時効と登記」立教法学一九号一頁・二〇号一六〇頁・二三号一一四頁がある）。筆者も、これと同様の発想から、「公信力説」を基礎に置きつつ、次のように解するのが妥当であろうと考えている。

(イ) 二重譲渡ケースにおいて、AB間の第一譲渡が有効である限り、占有を取得した未登記第一譲受人Bは真正所有者であり、譲渡人Aは登記を通じて所有者としての外観を有するが非占有の無権利者（表見所有者）にすぎず、AB間で時効取得は問題にすべきでない。

(ロ) 表見所有者Aからの第二譲受人Cが悪意の場合、Cは保護要件を欠くから所有権を取得できず、Bは、時効取得を問題とするまでもなく、自己の所有権をCに対抗できる。

(ハ) Cが善意（無過失）の場合、Bは、自分が本当の所有者であることをCに対抗できず、その時から「他人の物」の占有者となり、取得時効が進行を開始する。

(ニ) 右の(ハ)の場合のBや境界紛争の場合など、「他人の物」を占有する者は、時効完成時の所有者に対して、登記なしに時効取得を対抗できる。その時から登記名義人は表見所有者となり、表見所有者からの譲受人は善意（無過失）でなければ所有権を取得できない（加藤一郎「取得時効と登記」民法ノート(上)七〇頁以下も、占有尊重説＝時効期間逆算説を前提としつつ、時効取得者が登記をなしうることをはっきり認識しながら他人名義の登記を放置している場合の第三者の保護につき、九四条二項類推適用により同様の解決を図るべきとする）。善意（無過失）の譲受人が登場すると、時効取得者は再び「他人の物」の占有者となり、再度の時効が進行し始める。

私見は、自己の物であることが証明される限り取得時効は進行しないことを前提とする。従来、自己の物についての時効取得を認めてきたのは、権原の証明ができないときと、対抗要件を備えていないときであった。前者はともかく、後者については、これにより未登記占有者の保護を図ることも期待されうるが、第三者に善意を要求しさえすればその必要はなくなり、弊害を残すのみとなると解されるからである。なお、ここで述べた考え方に対しては、「公信力説」を前提とするものであって到底採りえないといった批判が加えられることが多い。そのことについての反論はしばらくおくとしても、「自己の物であることが証明される限り取得時効は進行しない」というテーゼは、「公信力説」とのみ結びつくものではなく、むしろ登記時効更新説と同一の結論を条文解釈上の無理なしに実現しうるものであることを正しく理解してもらいたいと思う。

ただし、私見も含め判例や多くの学説が、Bの占有期間、援用の必要性や時効の遡及効の位置づけ等に不明確さを残していることは否定できず（山田卓生「取得時効と登記」川島武宜教授還暦記念

2・民法学の現代的課題一〇三頁以下、滝沢聿代「取得時効と登記」成城法学一九号一頁・二二号一九頁など参照）、さらなる検討が必要とされている。

10　不動産の取得時効完成後の譲受人と背信的悪意者

はじめに

判例によれば、取得時効完成後に原権利者から目的不動産を譲り受けて所有権移転登記をした第三者があるときは、時効取得者は、この者に対して時効取得を対抗することができないものとされている。しかし、この場合でも、その第三者が背信的悪意者であるときには、時効取得者の登記の欠缺を主張することができないと解すべきである。

ところで、判例・通説は、背信的悪意者とは、「実体上物権変動があった事実」を知る（悪意）者であって、「同物権変動についての登記の欠缺を主張することが信義に反するものと認められる事情」があるものをいうとしている。この見解に従うと、時効完成後に目的不動産を原権利者から譲り受けて所有権移転登記を経由した第三者が背信的悪意者と認定されるためには、「取得時効が完成したことによって所有権が取得されているという事実」を知っていることが不可欠の要件となるはずである。

しかし、時効によって所有権を取得するためには、自主占有を一〇年または二〇年継続する必要がある。登記名義人以外の者が占有している事実を認識することができたとしても、その占有の性質や、占有開始の時点、その時点で善意無過失であったか否かなどを知ることは極めて困難である。その一方で、仮に取得時効の成立要件のすべてが充足されているということを認識できなかったとしても、永年にわたって占有・利用している者がいるということを知りながら、目的不動産を取得して、登記の欠缺を主張すること自体が背信的であるという考え方も有力に主張されている。

こうした問題について、最判平18・1・17（民集六〇巻一号二七頁。以下「本判決」という）は、甲の取得時効完成後に乙が目的不動産の譲渡を受けて所有権移転登記を了した場合に、乙が背信的悪意者と認定されるためには、乙において、「甲が取得時効の成立要件を充足していることをすべて具体的に認識して」いることまでは必要はないが、少なくとも、「甲による多年にわたる占有継続の事実を認識している」ことを要し、「調査をすれば甲による時効取得を容易に知り得た」というだけでは足らない、という極めて注目すべき判断を示している。

一　事実の概要と判旨

1　事実の概要

(1)　Xらは、平成八年二月、本件土地（地目ため池、地積五二㎡）を購入したが、本件土地の大部分は、隣接するA地およびA地上のB建物（集客施設）を所有するYが国道からの専用進入路として使用しているため、当該通路のうち本件土地に属する部分（本件通路部分）の所有権の確認およびコンクリート舗装の撤去を求める訴えを提起した。

これに対し、Yは、本件通路部分は、前々主において昭和四八年三月に国道からA地・B建物への専用進入路として所有の意思をもって占有を始めてから二〇年、または昭和六一年にA地とともに前主がこれを取得してから一〇年の占有の継続により、所有権または通行地役権を時効取得したなどと主張して、主位的にYが本件通路部分につき所有権を有することの確認を求め、予備的にYが本件通路部分につき通行地役権を有することの確認を求める反訴を提起した。

Yの右主張に対してXらは登記の欠缺を主張し、YはXらが背信的悪意者に当たると主張した。

(2)　原審は、Xらは、鮮魚店を開業する目的でC地を取得したが、開業資金を融資する予定の銀行から国道に面する間口が狭いとの指摘を受けて、間口を広げるために本件土地を購入したものであって、Yを困惑させる目的であったとは認められないが、本件土地の購入時に、Yが本件通路部分をA地・B建物への専用進入路として利用しており、Yが本件通路部分を利用できないとすると公道からの進入路を確保することが著しく困難となることを知っていたことが認められ、そして、Xらにおいて調査をすればYが本件通路部分を時効取得していることを容易に知りえたというべきであるから、Xらは、Yが時効取得した所有権について登記の欠缺を主張するにつき正当な利益を有しないとして、Yの反訴請求（主位的請求）を認容した。Xらより、上告受理申立て。

2 判旨

一部破棄差戻し、一部棄却。

(1)「時効により不動産の所有権を取得した者は、時効完成前に当該不動産を譲り受けて所有権移転登記を了した者に対しては、時効取得した所有権を対抗することができるが、時効完成後に当該不動産を譲り受けて所有権移転登記を了した者に対しては、特段の事情のない限り、これを対抗することができないと解すべきである。」

Xらは、Yによる取得時効の完成した後に本件通路部分を買い受けて所有権移転登記を了したというのであるから、Yは、特段の事情のない限り、時効取得した所有権をXらに対抗することができない。

(2)「民法一七七条にいう第三者については、一般的にはその善意・悪意を問わないものであるが、実体上物権変動があった事実を知る者において、同物権変動についての登記の欠缺を主張することが信義に反するものと認められる事情がある場合には、登記の欠缺を主張するについて正当な利益を有しないものであって、このような背信的悪意者は、民法一七七条にいう第三者に当たらないものと解すべきである。」

「そして、甲が時効取得した不動産について、その取得時効完成後に乙が当該不動産の譲渡を受けて所有権移転登記を了した場合において、乙が、当該不動産の譲渡を受けた時点において、甲が多年にわたり当該不動産を占有している事実を認識しており、甲の登記の欠缺を主張することが信義に反するものと認められる事情が存在するときは、乙は背信的悪意者に当たるというべきである。取得時効の成否については、その要件の充足の有無が容易に認識・判断することができないものであることにかんがみると、乙において、甲が取得時効の成立要件を充足していることをすべて具体的に認識していなくても、背信的悪意者と認められる場合があるというべきであるが、その場合であっても、少なくとも、乙が甲による多年にわたる占有継続の事実を認識している必要があると解すべきであるからである。」

(3)　以上によれば、XらがYによる本件通路部分の時効取得について背信的悪意者に当たるというためには、まず、Xらにおいて、本件土地等の購入時、Yが多年にわたり本件通路部分を継続して占有している事実を認識していたことが必要であるというべきである。ところが、原審は、XらがYによる多年にわたる占有継続の事実を認識していたことを確定せず、単に、Xらが、本件土地等の購入時、Yが本件通路部分を通路として使用しており、これを通路として使用できないと公道へ出ることが困難となることを知っていたこと、Xらが調査をすればYによる時効取得を容易に知りえたことをもって、XらがYの時効取得した本件通路部分の所有権の登記の欠缺を主張するにつき正当な利益を有する第三者に当たらないとしたのであるから、この原審の判断には、判決に影響を及ぼすことが明らかな法令の違反がある。Xらが背信的悪意者に当たるか否か等についてさらに審理を尽くさせるため、本件を原審に差し戻す。

二　先例・学説

1　時効と登記

判例は、時効により不動産の所有権を取得した者は、①時効完成前に当該不動産を譲り受けた者に対しては、登記なしに時効取得を対抗することができるが（最判昭41・11・22民集二〇巻九号一九〇一頁、最判昭42・7・21民集二一巻六号一六五三頁など）、②時効完成後に当該不動産を譲り受けた者に対しては、特段の事情のない限り、登記をしなければ、これを対抗することができないものとしてきた（最判昭33・8・28民集一二巻一二号一九三六頁、最判昭35・7・27民集一四巻一〇号一八七一

頁、最判昭48・10・5民集二七巻九号一一一〇頁。本書一五一頁以下参照）。

周知のように、学説は、さまざまな観点から判例を厳しく批判し、取引的な利益を追及する既登記の所有権譲受人よりも適法に所有権を取得していると信じて長期間占有使用を継続してきた時効取得者の保護を優先させるべきであるとする説も有力に主張されてきたが、本判決は、従前の判例を踏襲することを明言している（判例・学説の概要については、原島重義＝児玉寛・新版注民(6)五三九頁以下、草野元己・取得時効の研究が詳細である）。

2　背信的悪意者

(1)　背信的悪意者の意義

判例は、民法一七七条の第三者につき、「実体上物権変動があった事実を知る者」において、「右物権変動についての登記の欠缺を主張することが信義に反するものと認められる事情」がある場合には、かかる背信的悪意者は、登記の欠缺を主張するにつき正当な利益を有しないとして、悪意と背信性の二つを背信的悪意者認定の要件としてきた（最判昭40・12・21民集一九巻九号二二二一頁、最判昭43・8・2民集二二巻八号一五七一頁、最判昭43・11・15民集二二巻一二号二六七一頁、最判昭44・1・16民集二三巻一号一八頁。本書七八頁以下参照）。

学説においては、近時の下級審裁判例の傾向につき、(イ)悪意であれば足り、背信性の要件は重視されていないとする見解（半田吉信「背信的悪意者排除論の再検討」ジュリ八一三号八一頁、池田恒男

「本件判批」判タ一二一九号四〇頁など)、(ロ)準当事者類型では第三者の悪意を要件とせず、不当競争類型では悪意であれば背信性の有無を判断するまでもなく排除されているとの見解(松岡久和「判例における背信的悪意者排除論の実相」林良平先生還暦記念・現代私法学の課題と展望(中)六五頁以下、同「民法一七七条の第三者・再論」奥田昌道先生還暦記念・民事法理論の諸問題(下)一八六頁など。反対、吉原節夫・新版注民(6)五九七頁)があり、また、(ハ)背信的悪意認定の実質的基準は行為態様の客観的な正当性に求めるべきであり、善意・悪意はその判断要素の一つでしかないとする見解(好美清光「Jus ad rem とその発展的消滅」一橋大学法学研究三号四一〇頁、川井健「不動産物権変動における公示と公信――背信的悪意者論、民法九四条二項類推適用論の位置づけ」我妻栄先生追悼・私法学の新たな展開三〇三頁〔不動産物権変動の公示と公信二〇頁〕以下など)も有力化しつつあるが、本判決は、悪意と背信性の二要件のいずれをも省略することができないとの見解を明らかにしている(本判決以前にも、最判昭62・11・12判時一二六一号七一頁が、単純悪意と背信的悪意を区別していた)。

(2) 所有権の時効取得と背信的悪意者

その結果、本件のように取得時効完成後に原権利者から同一不動産の所有権を取得し登記を備えた者に対して背信的悪意の主張をする場合にも、悪意と背信性の二要件の具備を立証しなければならないこととなる。

このうち悪意の要件に関しては、本来的には、取得時効の完成の事実を知っていることと解すべきものと思われるが、取得時効の要件の充足の有無に関する認識を立証することは極めて困難であると指摘されていた（辻正美「判批」判時九七二号一五一頁〔判評二六〇号一三頁〕参照）。

この点、従前の裁判例をみると、取得時効期間を超える占有の継続の事実または時効完成の可能性が高いことを認識し、かつ、時効の主張を封ずるために近親者に譲渡したり、不当な利益を得る目的等をもって無償または廉価で取得しているなど背信性の要件も充たしていると認定されているものが多数を占めており（札幌高判昭51・6・7判タ三四二号一七一頁、東京地判昭57・8・31判時一〇六九号一〇五頁、名古屋高判昭58・5・30判時一〇八九号五四頁、東京高判昭60・3・28判時一一五〇号一八八頁、大分地判昭61・7・2判タ六二四号一六九頁、大阪高判昭63・9・30判時一三一八号六三頁）、時効取得に関する認識の有無について明示的には触れていない判決は、市道として整備され管理されていることを知りながら、登記の欠缺を奇貨として、市に買い取らせる目的で極めて廉価で道路敷地を取得したという悪質な事例のみであった（大阪地判昭62・8・27判タ六六三号一三〇頁）。

⑶　通行地役権と登記

本件原判決は、「Xらにおいて調査すればYが本件通路部分を時効取得していることを容易に知り得た」という事実に基づいて、「Xらは、Yが時効取得した所有権についてその登記を経由していないことを主張するにつき正当な利益を有しない」としている（Xらが背信的悪意者に当たるとは述べていない）。

これは、明らかに「通行地役権の承役地が譲渡された時に、右承役地が要役地の所有者によって継続的に通路として使用されていることがその位置、形状、構造等の物理的状況から客観的に明らかであり、かつ、譲受人がそのことを認識していたか又は認識することが可能であったときは、譲受人は、要役地の所有者が承役地について通行地役権その他の何らかの通行権を有していることを容易に推認することができ、また、要役地の所有者に照会するなどして通行権の有無、内容を容易に調査することができる。したがって、右の譲受人は、通行地役権が設定されていることを知らないで承役地を譲り受けた場合であっても、何らかの通行権の負担のあるものとしてこれを譲り受けたものというべきであって、右の譲受人が地役権者に対して地役権設定登記の欠缺を主張することは、通常は信義に反するものというべきである」とした最判平10・2・13（民集五二巻一号六五頁）の影響を受けているものということができる。

この平成10年判決は、「このように解するのは、右の譲受人がいわゆる背信的悪意者であることを理由とするものではないから、右の譲受人が承役地を譲り受けた時に地役権の設定されていることを知っていたことを要するものではない」と付言して、背信的悪意者排除論とは別の法理を採用していることを明言していた。

(4) 本判決の意義

本判決は、一方で、原判決を破棄することにより、本件のような事案には右平成10年判決の法理は適用にならず、背信的悪意者の法理によるべきこと（第三者の悪意を要し、時効取得の認識可能性だけでは足りないこと）を明らかにするとともに、他方で、この場合の「悪意」の要件に関しては、「多年にわたる占有継続の事実」を認識していれば足り、取得時効の成立要件を充足していることをすべて具体的に認識していなくてもよいとすることによって、時効取得の場合における背信的悪意の認定につき要件を一定程度緩和した初の最上級審判決であり、理論上も実務上も極めて重要な意義を有している。

三　評　論

1　本判決の射程

近時の学説においては、背信的悪意者の認定につき、その主観的態様のみならず、行為態様の悪性や未登記権利者の要保護性等を総合的に考慮して信義則違反の有無を判断すべきものとする見解、とりわけ、未登記権利者がすでに居住または事業活動のために目的不動産を利用している場合には、自由競争原理の適用は制限されるべきであり、場合によっては（重大な）過失のある善意者も背信的悪意者と認定することによって具体的に妥当な結論を導くべきであるといったような考え方が有力化しつつある（広中俊雄・物権法〔第二版増補〕一〇一頁以下、加藤雅信・物権法〔第二版〕一二一頁など)。こうした考え方を前提とすると、未登記時効取得の対抗が問題となる事案においてはすでに相当の期間占有者による目的不動産の利用が継続されているのであるから、必然的に背信的悪意者であることの認定が緩やかになるといってよい。問題は、本判決が、取得時効関係の事案以外にも広くこうした考え方が適用されていく契機になりうるかということである。

しかしながら、本判決は、背信的悪意者として認定するためには悪意の要件を充足することが不可欠であるとの前提のもとで、「取得時効の成否については、その要件の充足の有無が容易に認識・判断することができないものである」ことを考慮して、取得時効の場合に限って悪意の要件の認定を緩和したにすぎないのである。しかも、平成10年判決の法理を適用した原判決を破棄した趣旨は、同判決の法理は非排他的な権利である通行地役権に限って適用されるものであり、所有権の帰属をめぐる紛争には適用にならないという意味に理解せざるをえない。したがって、残念ながら、本判決を契機として判例における背信的悪意者論の展開に大きな変化が生ずるとは考えられないことになる。

なお、本件原判決は、平成10年判決と同様に、Xらが勝訴したときにはYの通行に困難が生ずるということの認識以上に背信性について格別の認定をしていない。したがって、差戻審において、仮にXらの悪意が認定されたとしても、そのことからただちに背信的悪意者とされるだけの背信性もあると認定されるかどうかわからない。そうなると、結局、本判決は、Yに通行地役権の限度で時効取得を認め、Xらとの共同利用の実現へと誘導しようとしていると評価することも可能になりそうである。そのこと自体は本件の解決として妥当なもののように思われるが、そのために、あえて近時の学説・下級審裁判例の大勢とも目しうる背信的悪意者排除論の客観化・柔軟化の傾向に水を差すかのような解釈論を展開する必要があったのか、疑問の余地がある。

2　取引実務への影響

かねてから、前述した「時効と登記」に関する判例の一般原則に従うならば、第三者の占有する不動産を取得しようとする者は、その占有の性質、瑕疵の有無、占有期間等を調べなければ目的不動産の取引に参入できないことになるが、それは実際上不可能であり、取引の安全を害することになると指摘されていた（本書一五四頁など参照）。本判決によって、背信的悪意者説適用の要件につき一定程度の緩和が図られたが、それは、第三者が占有する不動産を取得することを回避させる方向に作用するから、登記尊重説的な発想からは、本判決は取引実務に悪影響を与えるものとして評価されるべきことになる（星野英一「取得時効と登記」民法論集四巻三三七頁参照）。さらに、二重譲渡型の事案においては、取得時効期間に充たない占有しかない場合であっても、占有関係の調査から第一譲渡契約の存在が認知された以上は、それによる所有権移転につき悪意となるのであるから、本判決のような考え方をとるまでもなく、やはり取引への参入を断念する方向での判断をなすべきことになり（辻・前掲箇所参照。広中・前掲書一五七頁は、間もなく取得時効の完成をもたらすような占有利用は知っていたが占有者は第一譲受人であることは知らなかったような二重譲受人についても、重大な過失を認定して悪意者と同視した上で背信的悪意者論を適用しうることが多いであろうと述べる)、全体として、登記簿の記載のみを信じて取引をしさえすればよいという考え方から、現地の占有状態を調査して取引をしなければ法的保護に値しないという考え方を尊重する流れにあるように思われる。

なお、取得時効と登記における類型論も有力に主張されているが(星野・前掲論文など)、本件のように地図と現地との対応関係に関して争いがあるケースでは、二重譲渡型か境界紛争型かの判別は極めて困難であり、類型論との関係でも考えさせられることが多い。

〔本件評釈〕

福永礼治・NBL八二九号一〇頁
高田淳・法学セミナー六一六号一一九頁
河津博史・銀行法務21六六二号四〇頁
笠井修・金融・商事判例一二四八号二頁
池田恒男・判例タイムズ一二一九号三八頁
松岡久和・判例セレクト二〇〇六(法学教室三一八号別冊付録)一二頁

関武志・判例時報一九五三号一八九頁〔判例評論五七七号一一頁〕
新井敦志・立正大学法制研究所研究年報一二号四九頁
升田純・Lexis判例速報八号二八頁
松久三四彦・不動産取引判例百選〔第三版〕九〇頁
石田剛・民法判例百選Ⅰ〔第八版〕一一二頁

11　登記請求権

〔設　例〕

Aは、その所有する不動産をBに売り渡し、次いでBがこれをCに売り渡したが、登記簿上は依然としてAが所有者として登記されていた。そこで、Cが、Aに対して、AからCに登記を移転せよと請求してきたが、この請求は認められるか。CはBに代金を支払っているが、BはAに代金を支払っていない場合、あるいはBはAに代金を支払ったが、Cは代金未払いである場合にはどうなるか。

一　問題の所在

本設例では、A→B→Cと物権が変動した場合に、転得者Cは、現登記名義人Aに対して、直接自己名義への登記（A→Cの所有権移転登記）手続を求めうるか否かが問われている。「中間省略登記請求の可否」として古くから争われてきた問題である。この問題は、登記請求権をめぐる諸問題の中で最も重要なものであり、登記請求権さらには登記制度自体の趣旨の基本的な理解に深くかかわっている。そこで、まず、登記請求権一般に関する問題状況を概観し、次いで中間省略登記請求に固有の問題点を検討することにしよう。

二　登記請求権の意義と発生原因

1　登記請求権

「登記を申請せよ」あるいは「登記の共同申請に協力せよ」と請求する権利を登記請求権という。登記請求権は、登記をなすべき実体法上の必要がある場合に、それが、登記手続法上の諸原則さらにはその根底にある登記制度の理念を前提とし、かつ、その枠内においてでなければ実現されえないために認められる特殊な権利である。すなわち、たとえば売買による所有権移転があった場合、買主には登記を備えて所有権取得を第三者に対抗しうるものにする必要があるが、わが国の不動産登記法が、登記の真正を担保するための一手段として、所有権移転登記は新所有者と現登記名義人たる譲渡人との共同申請によらなければならないとの原則（共同申請主義）を採用しているので（不登六〇条）、買主は単独で登記をなすことができず、売主に対して登記申請手続への協力を請求しなければならないことになる。同様に、売主の側も、早く登記名義を引き取ってもらって公租公課の負担や土地工作物所有者の責任（七一七条）を追及される危険を免れるという利益を有し、これを実現するためには、共同申請主義のもとでは、売主から買主に対し登記手続への協力を請求しなければならないのである（登記引取請求権）。また、X所有不動産について無権利者Yが所有権保存登記をしているとき、Xは自己名義の登記をしなければ、事実上この不動産を処分することができず、場合によっては九四条二項の類推適用等の法理により所有権を失う危険もあるが、不動産登記法は一個の不動産にX名義の登記とY名義の登記が併存することを禁じているから（不登令二〇条七号）、まずY名義の登記を抹消しなければならず、そのためにはY自身が抹消登記申請をしなければならないとされており（不登七七条）、結局、Xが自己名義の登記を実現するには、その前提として、XからYに対して、Y名義の登記の抹消登記手続をせよと請求する権利が認められていなければならないことになる（ちなみに、不動産が譲渡された場合、登記主義を採るドイツ法のもとでは、所有権移転請求権とは別に登記請求権を行使すべき場面は基本的に想定できない。対抗要件主義を採るフランス法においても、公正証書に基づく単独申請主義が採られ、共同申請主義を採らないため、公正証書の作成を求める権利は問題にされるものの、登記請求権をめぐる議論は存しない）。

2　登記請求権の発生原因

登記請求権が右に述べたような特殊な性格を有することもあって、実体法上の権利か手続法上の権利か、物権的請求権か債権的請求権か等の点で争われ、それらの点の理解は発生原因をどのように考えるかによって異なりうるものと考えられてきた。

(1)　判例（多元説）

判例は、登記請求権の発生原因について統一的な説明を与えてはいないが、次の三つの場合に登記請求権を認めていると評されている。すなわち、①実体的権利変動があるのにその登記がされていないとき（大判大5・4・1民録二二輯六七四頁など）、②実際には権利ないし権利変動が生じていないのに生じたような登記がされているとき（大判大7・5・13民録二四輯九五七頁など）、③当事者間に登記をなすべき特約があるとき（大判大10・4・12民録二七輯七〇三頁など）に、それぞれ、登記請求権の成立を認めているとされている。

(2)　一元的な説明の試み

これに対して、多くの学説は登記請求権の発生原因を可能な限り一元的に説明しようと努めてきた。これを大別すると、第一に、右の①により、実際の権利変動の過程と登記が一致しない場合に、これを一致させるために登記請求権（債権的請求権と解する傾向にある）が認められると説くもの、第二に、右の②に準じて、実際の権利状態と登記が合致しない場合に、これを一致させるために登記請求権（物権的請求権）が発生するとの説（末弘厳太郎・物権法上巻一四一頁など）があるが、多くの学説（末川博・物権法一三九頁、舟橋諄一・物権法一三一頁、我妻栄＝有泉亨・新訂物権法一三九頁など）は、右の①の説を基本としている（すべて、これとは別に③を認める）。

(3) 新たなアプローチ

最近の学説では、一元的な説明を試みることは不可能ないし無駄であり、むしろ登記請求権成立の基礎となった実体的法律関係に応じて発生原因の類型化を図るべきであるとの説が有力になっている（鈴木禄弥・物権法講義〔四訂版〕一四二頁、幾代通・登記請求権二頁、星野英一・民法概論Ⅱ〔合本再訂〕四九頁、月岡利男「登記請求権」民法講座2二六四頁、安達三季生「登記請求権に関する試論」加藤一郎編・民法学の歴史と課題一二三頁など）。

思うに、登記請求権の実質的な根拠は、前述のごとく、あくまで実体法上の必要性、言い換えれば社会生活上の利益にあるのであって、その意味では、登記請求権の発生原因を、その基礎となる当事者間の多様な法律関係に応じて類型化しようとする最後の見解が正当な方向を示しているといえよう。従来の学説は、登記は物権変動の過程を忠実に反映すべきか、現在の権利状態を公示すれば足りるのかという登記制度の理念との関連づけに関心を集中しているかのように見受けられるが、この点は、登記請求権の具体的内容を確定する上で重要な意味を有するものの――その場合の中心的論点が中間省略登記請求および中間者の登記請求権である――、登記請求権の発生原因とは別の次元において論じられるべきであるように思われる。

三　中間省略登記請求の可否

1　中間省略登記

A→B→Cと物権が変動しているのに、中間者Bを飛び越えて直接AからCへの移転登記をなす場合、これを「中間省略登記」という。中間省略登記は、実際の権利変動の過程を忠実に公示すべきであるという理念からすれば是認し難いものであるはずだが、実際の社会においては、登録免許税・司法書士費用などの出費と手数を節約するために相当広く行われており、登記官に実質的審査権の認められていないわが国の法制のもとでは、形式を整えた申請がなされる限り、中間省略登記が行われるのを妨ぐことは不可能である。しかしながら、中間省略登記請求の訴えが提起された場合に、裁判所が当該請求を認めるべきか否かについて実質的な判断をなしうることは当然であるし、すでになされた中間省略登記の効力を争う訴えが提起された場合にも、裁判所は当該登記が有効か無効かを判断すべきことはいうまでもない。

2　判例の概要

判例は、当初、中間省略登記は事実に反する登記であるから無効であり（大判明44・5・4民録一七輯二六〇頁)、したがって中間省略登記請求もなしえないとしていた(大判明44・12・22民録一七輯八七七頁)。その後、三当事者全員の間に中間省略登記をなすべき旨の合意があるときには、これに基づいてなされた中間省略登記は有効であり(大判大5・9・12民録二二輯一七〇二頁)、中間省略登記請求権も成立するとするに至った(大判大8・5・16民録二五輯七七六頁)。このことの消極面として、三当事者間の合意とくに中間者の同意を欠く場合には、中間者はその抹消を請求でき(大判昭8・3・15民集一二巻三六六頁)、中間省略登記請求権も成立しえないとされている(大判大11・3・25民集一巻一三〇頁)。注目すべきなのは、登記は物権変動の過程を忠実に反映しなければならないという登記制度の建前よりもむしろ、現登記名義人や中間者の私的利益が中心的な考慮の対象とされ、それらの者が中間省略登記に同意を与えて自己の利益を害されることがない旨を表明したときには、建前に反しても中間省略登記請求を認めてよいとされるようになった点である。最高裁判所は、すでになされた中間省略登記の事後評価に関しては、この傾向をさらに進めて、もっぱら中間者の実質的具体的利益のみを考慮の対象とするに至り、中間者の同意なしになされた場合であっても、中間者は、その抹消を求めるだけの正当な利益が存しない限り、抹消請求をなしえないし(最判昭35・4・21民集一四巻六号九四六頁)、第三者が中間者の同意がないことを理由に抹消登記を請求することも許されないとした(最判昭44・5・2民集二三巻六号九五一頁)。しかしながら、新たな中間省略登記の請求については、依然として、登記名義人や中間者の同意がない限りこれを認めえないとしている（最判昭40・9・21民集一九巻六号一五六〇頁）。すでになされた中間省略登記については、その効力を否定して新たな混乱を生じさせることを回避する必要があるが、これからなす登記は「物権変動の経過をそのまま登記簿に反映させようとする不動産登記法の建前」に忠実であるべきだということであろう（判例の詳細については、高木多喜男「中間省略登記のできる場合」不動産登記講座Ⅰ九三頁以下、同「中間省略登記の効力」不動産登記講座Ⅰ一一七頁以下、幾代・前掲書三八頁以下、成田博「中間省略登記」新不動産登記講座Ⅲ三五七頁以下参照）。

3　学説の概要

現在の実体的権利状態に符合する中間省略登記の事後評価に関しては、中間者の同意がない限り無効とする説（末川・前掲書一三六頁など）、中間者の同意がない場合でも、当該登記を前提として登記上利害の関係を有する第三者が出現した後は有効になるとするもの（舟橋・前掲書一一〇頁以下）、第三者に対する関係では有効だが、同意を与えなかった中間者には抹消登記請求権が認められるとの説（我妻栄・物権法八九頁、柚木馨＝高木多喜男・判例物権法総論〔補訂版〕一八〇頁）、無条件に有効と解する説（鈴木・前掲書一四一頁以下、幾代・前掲書五一頁、石田喜久夫・新版注民⑹四一八頁、我妻＝有泉・前掲書一三五頁、広中俊雄・物権法〔第二版増補〕七六頁以下など多数）がある。

新たな中間省略登記の請求に関しては、特約の有無にかかわらず常に認められないとの説（於保不二雄・物権法(上)八九頁、石田喜久夫・物権変動論一六三頁以下）、三者間に特約がある場合にのみ認められるとの説（通説）、現登記名義人や中間者の実質的利益を害しない限り、それらの者の同意を要しないとするもの（幾代・前掲書五四頁など）、および無条件肯定説（半田正夫「中間省略登記」演習民法〔総則・物権〕三七二頁、篠塚昭次・民法セミナーII三四頁）がある。

4　中間省略登記の事後評価

末川説を除けば、学説の間にさほど大きな違いはなく、同意を与えていない中間者が第三者登場以前に抹消を請求してきた場合に、常にこれを認めるか（舟橋説、我妻旧説など）、常にこれを否定するか（幾代説など）の点でのみ異なっている。自己の登記を備えないままにあえて転売をした中間者はそれに伴う危険も引き受けるべきであるともいいうるが（幾代・前掲書五二頁）、一応判例に従って中間者が正当な利益を有する場合にのみ抹消登記請求を認めるものとした上で、正当な利益の存否ないし中間省略登記への同意の有無の判断を柔軟に行っていくのが穏当であろうと思われる。

5　中間省略登記請求の可否

判例・学説ともに、主として登記法の建前と中間者および登記名義人の利益を問題にしている。

(1)　登記法の建前の尊重

登記簿には物権変動の過程を忠実に反映させるべきであるといわれているが、その実質的な理由は、登記に公信力が認められていない以上、新たに取引に入ろうとする者は登記簿を手がかりに現在の所有者に至るまでの経緯を過去に遡って調査しなければならないというところにある。この点を強調すると中間省略登記請求は否定されなければならない。しかし、これに対しては、権原調査は登記のみによるのではなく、登記を手がかりにしつつ過去の所有名義人に対する照会等を中心として行われるのだから、A→Cという中間省略登記がなされていても、Aに照会すればBの存在も明らかになるはずで、とりたてて大きな不都合をもたらすものでないし、現に判例が、すでになされた中間省略登記や流用登記に一定の効力を認めているのをはじめとして、物権変動の過程ないし態様に合致しない登記の効力を広く認め、また三当事者の合意があれば中間省略登記請求権も成立するとしている以上、この建前は判例自身によってすでに崩されており、この場面でだけ建前を強調することは筋が通らないとの批判がなされている。

(2)　A・Bの利益保護の必要性

不動産がA→B→Cと転売され、Cが未だBに代金を支払っていないときに、CからAへの中間省略登記請求が認められると、BはCに対して代金支払と登記の同時履行を主張できなくなる。さらに、Cがこれを Dに転売して登記も移してしまうと、Bは売買契約を解除して不動産を取り戻すこともできなくなってしまう（最判昭35・11・29民集一四巻一三号二八六九頁参照）。同様に、CのAに対する直接の登記請求権が認められた場合に、現登記名義人Aは中間者Bに対する債権的な抗弁権（同時履行の抗弁権等）を登記請求権者Cに対抗しうるかという問題も生じてくる。これらの場合にAおよびBの利益を全面的に擁護しようとするならば、AB間およびBC間の債権関係をそのまま登記請求権の内容に反映させることが望ましい。そのため、判例・通説は、登記名義人や中間者が協力しない場合には、Cは、まず債権者代位権（四二三条）によってBのAに対する登記請求権を代位行使してB名義の登記を実現し、次いでB→Cの登記をせよとしてきたのである（そのことによって、物権変動の過程も忠実に登記簿に反映されることになる。前掲最判昭40・9・21など参照）。

これに対して、中間者の同意がなくても中間省略登記請求権は成立しうるという見解は、CのAに対する中間省略登記請求訴訟の中でもA・Bの利益は保護されうるとするか、A・Bには保護に値する利益は存しないとしなければならない。この点について、学説は、①AからBを経てCまで所有権が移転した以上、Aは、自己またはBが有する代金未受領等の債権的抗弁権を提出しえない（それが嫌なら売買契約を締結しても所有権は移転させなければよい）とするもの（篠塚・前掲書三〇頁以下。半田・前掲三七二頁もほぼ同旨）、②Aは、自己がBに対して有する抗弁権も、BがCに対して有する抗弁権もともに援用できるが、AがBの有する抗弁権を適切に援用しなかったためにBが不利益を被ったとしても、それはB自身が招いた危険であるから甘受すべきであるとする説（幾代・前掲書五五頁）、および、③Aは、Bに対して同時履行を主張できなくなるとの抗弁をCに対して提出でき、Bについては、中間省略登記請求を受けたAが遅滞なくBに通知をすることで利益保護の機会が与えられるとの説（広中・前掲書三〇四頁以下）に分かれている。①説は所有権移転の認定に問題を残し、②説はAB間またはBC間の債権関係から生ずる抗弁をなぜAがCに主張できるかの理由が明らかでなく、③説はやや技巧的で、債権者代位権を転用する方が明快だと思われる。こうして、平成二九年改正法により、登記請求権保全のための債権者代位権に関する規定（四二三条の七）が設けられ、判例・通説の考え方が明文化された。

登記請求権の代位行使を認める以上（松坂佐一・債権者代位権の研究三三頁以下などは債権者代位権の「転用」に反対していた）、中間省略登記請求を認めることの実益は疑わしいが、逆に、A・Bともに保護されるべき利益を有しないとき（それを判断するためにB自身を訴訟当事者にする必要があるか否かが問題なのだが）に、あえてCの中間省略登記請求の訴えを排斥する必要があるともいい難い。もっとも、実際には、Bの有する所有権移転請求権がCに譲渡されたと解される（BからCに債権的登記請求権が移転し、Aは所有権移転請求権に付着した契約上の抗弁および所有権移転請求権の移転の有無をめぐる抗弁をCに主張しうる）場合や、BからCに中間省略登記の同意が与えられ、または、ABC三者間に中間省略登記をなす旨の合意があったと認定しうる場合（たとえばAの印鑑証明・委任状・登記識別情報などがBを経てCに引き渡されている場合）などがかなり広範に存在しており、中間者の同意がなくても中間省略登記請求を認める見解と通説・判例とで具体的結論を異にする場合は意外と少ないのではないかと推測される（なお、平成一六年改正によって登記原因情報を必ず提供すべきものとされたことにより〔不登六一条〕、中間省略登記の発生は少なくなったものと思われる）。

四　中間者の登記請求権

1　問題の所在

不動産物権がA→B→Cと譲渡されたが、登記名義はなおAにとどまっている場合に、Cが自己名義に登記を移転するには、前述のごとく、原則として、まずCがBのAに対する登記請求権を代位行使してA→Bという移転登記をなし（四二三条の七、不登五九条七号参照）、その後にBからCへの移転登記をなすべきものとされている。これは、すでに所有権を譲り渡してしまって無権利者になったBが依然としてAに対する登記請求権を保持していることを前提としなければ成り立たない理論構成である。こうした理論構成のもとでは、①この場合のBの登記請求権は物権的請求権ではありえないから、時効により消滅するのではないか（一六六条）、②A→B→Cと所有権が移転したが、登記名義はなおAにとどまっている場合に、Bの債権者Dが、Bの登記請求権を代位行使してB名義の登記をなした上で、これを差し押さえることができるか、との問題が生じてくる。さらに、③ABC三者間に中間省略登記をなす旨の合意が成立している場合に、元来存在していたはずのC→B、B→Aの各々の登記請求権は消滅してしまうのか、それとも中間省略登記請求権と併存しているのか、という問題も検討しておく必要があるだろう。

2　考え方

①　不動産の買主Bが売主Aに対して有する登記請求権は、一般的には、AB間の契約から生ずる債権的請求権である（それゆえ、BからCに所有権が移転しても、Bの契約上の地位がCに移転していない限り、BのAに対する登記請求権は存続する）と解されている。債権的請求権ならば五年または一〇年で時効により消滅することになり（一六六条一項）、たとえばBが登記請求権を行使しないまま一〇年間が経過し、その後にBからCへの物権変動が生じたような場合には、Bの登記請求権が時効で消滅しているので、CはBに代位してAに登記を請求することができなくなってしまう。この不都合を回避するために、判例は「売買ニ因ル所有権移転ノ登記請求権ハ独立シテ消滅時効ニ罹ルベキ性質ノモノニアラズ」としている（前掲大判大5・4・1など）。中間者Bの登記請求権は、権利変動の過程を忠実に登記簿に反映させなければならないという登記制度の建前を維持するために認められる特殊な権利であることが示唆されているといえよう（安達・前掲論文一四八頁は「証拠請求権」たる性質から、消滅時効にかからないとの結論を導く。これに対し、幾代・前掲書六七頁は、登記制度の建前といっても、時効で消滅したような過去の物権変動まで公示する必要があるとは思われないから、Bの債権的登記請求権の時効消滅を認め、その後は現権利者CからAに対する物権的な中間省略登記請求権を認めればよいとする）。

②　中間者Bの登記請求権が、AB間の契約から生ずる通常の債権的請求権であるとするならば、

Bの一般債権者Dが債権者代位権（四二三条の七）に基づいてこれを代位行使することを妨げるべき理由はない（最判昭38・3・28民集一七巻二号三九七頁）。しかし、すでに所有権を失った中間者Bの登記請求権は、前述のごとく、登記制度の建前を維持する必要上やむをえず認められたものである。この特殊性を強調すると、Bの登記請求権は右の必要を充たす範囲内においてのみ認められればよいのだから、Bの一般債権者Dによる代位行使まで認める必要はないということもできる（星野英一「判批」法協八二巻二号三一九頁〔民事判例研究二1一三九頁〕参照）。さらには、ここでの問題が示すように、無権利者たるBに登記請求権を認めることは有害無益であるとして、登記請求権の代位行使という法律構成を否定し、中間省略登記請求権の成立を広く認める解釈もなされていた（天野弘・民法判例百選I〔初版〕一〇八頁参照）。しかし、同じようにA→B→Cと物権が変動した場合でも、登記名義がBのもとにあるときには、未登記のCは、Bの債権者Dの差押えを排除できないのに、たまたま登記名義がAのもとにとどまっていたときには、Cは未登記のままでDの差押えを排斥できることになるのは、バランスを失しているのではないだろうか。

③　ABC三者間で中間省略登記をする旨の合意がされたときに、CからAへの中間省略登記請求権が成立することには、学説の反対も少ない。この場合に、C→B、B→Aの各登記請求権が消滅すると解すると、右の②のような場合にDがBの登記請求権を代位行使した上で差し押さえることはできなくなるが、ABC三者間の合意の有無によって、第三者たるDの権利に影響が生ずるの

は妥当であるまい。また、ＡＢＣ三者間の合意の後に、Ｂがその目的不動産をＥに二重譲渡したときに、Ｅが代位行使すべきＢの登記請求権は消滅していて、Ａ→Ｂ→Ｅという移転登記をなしえないと解するのも、非常識であろう。したがって、ＡＢＣ三者の合意により中間省略登記請求権が成立しても、それによって、ＢのＡに対する登記請求権およびＣのＢに対する登記請求権が消滅することはない、あるいは少なくとも右の合意は第三者に不利益を与えるような効果を有しない、と解すべきことになる（前掲最判昭38・3・28、最判昭46・11・30民集二五巻八号一四二二頁）。

五　真正な登記名義の回復

1　消極的物権変動の登記

ＸがＹに不動産を売却し、その旨の移転登記を経たが、右売買は無効であったというような場合、ＸはＹに対して右所有権移転登記の抹消登記（不登規則一五二条参照）手続に協力せよと請求する権利を有する。転得者Ｚのところまで登記が移転しているときには、まずＹ→Ｚの所有権移転登記の抹消登記をし、その後にＸ→Ｙの移転登記の抹消登記をすることにより、Ｘの所有名義を回復することになる。そのために、Ｘには、Ｚに対してＹ→Ｚ登記の抹消登記をせよと請求する権利（正確には、ＹのＺに対する抹消登記請求権を代位行使する権利）およびＹに対してＸ→Ｙ登記の抹消登記をせよと請求する権利が認められてきた（大連判明41・3・17民録一四輯三〇三頁など参照）。このように登記された物権変動が無効であったり、取り消されたりした場合に実体に合わせるために行う抹消登記を「消極的物権変動の登記」などと呼んでいるが、これは、既存の無効な登記の各々について抹消登記をすることによって行われるので、理論上は「消極的中間省略登記」なるものを想定することができない。

2 抹消登記に代わる移転登記

ところが、判例・実務は、抹消登記を請求すべき場合に、所有権に基づいて移転登記を請求することもできる（登記原因は「真正な登記名義の回復」とされる）としている。たとえば、X→Y→Zと二段階の無効な移転登記があるときに、Z→Xという移転登記をすることにより、事実上、消極的な中間省略登記がなされうるのである（大判大10・6・13民録二七輯一一五五頁、最判昭34・2・12民集一三巻二号九一頁、昭36・10・27民事甲第二七二二号民事局長回答等参照）。したがって、ここでも中間省略登記の場合と同様に、いかなる場合にこの種の登記が有効とされ、どのような条件のもとでその請求が認められるのかを検討すべきことになる。この点については、中間省略登記の場合と反対に、判例はこの種の便法を広く認め、学説の圧倒的多数は否定説ないし制限説を採っている（判例・学説の概要については、船越隆司「真正な登記名義の回復のできる場合」不動産登記講座Ⅰ一三七頁以下、吉永順作「真正な登記名義の回復の効力」不動産登記講座Ⅰ一五二頁以下、田中克志「真正な登

記名義の回復の登記」新不動産登記講座Ⅱ一七九頁以下参照）。

3　真正名義回復の登記の必要性

真正な登記名義の回復を登記原因とする移転登記は、物権変動の過程を忠実に反映すべきであるとの「登記法の建前」には反するのだが、登記手続上の制約から、これを認めざるをえない場合が生じている。すなわち、たとえばXからYに不動産が売却され、Yがその不動産上にZのための抵当権を設定し、それぞれ登記を経由した後に、Xが右売買契約を詐欺を理由に取り消した場合、Zが悪意または有過失であれば、Zの承諾またはZに対抗しうべき裁判のあったことを証する情報を添付して（不登六八条、不登令三条一三号・別表二六項のへ）、XY間の登記の抹消を申請することで、Zの抵当権登記とXY間の移転登記を同時に抹消すればよい。これに対し、Zが善意無過失の場合には、Yの所有権取得は否定されるが、Zの抵当権は有効に存続する（九六条三項）。ところが、Zの抵当権登記を残してX→Yの所有権移転登記を抹消することは「登記連続の原則」に反して許されていない。こうした場合には、真正な登記名義の回復を登記原因としてY→Xの所有権移転登記をなすことによってのみ、現在はXが所有者であり、Zのための抵当権が存在しているということを公示できるのである（広中・前掲書二九三頁参照）。

4　学説の概要

右に述べたように、登記手続上の制約のもとでのやむをえない便法として真正名義回復のための移転登記請求権を認めざるをえない場合を別として、いかなる場合にこれを認めうるかについては、①登記制度の建前または中間者の利益などを理由にこれを否定する説（我妻＝有泉・前掲書一四四頁、舟橋・前掲書一三三頁など）、②登記制度の理想は、むしろいちはやく真実の権利状態を公示することにあるから、事実上の消極的中間省略登記たる真正名義回復登記請求権も認められるべきであるが、中間者の利益を害する危険もあるため、中間者の同時履行の抗弁権が消滅している場合にのみ請求を認容すべきであるとする説（船越・前掲一四五頁以下、浦野雄幸「登記名義回復請求訴訟」実務民事訴訟講座4一七〇頁以下）などがある。②説は、結局、判決による場合にのみ、これを認めようという趣旨である。このように、学説は否定的ないし制限的に解するものが多数であるが、実務上は当事者の任意申請によることも認められており、実際にも、中間者が多数であったり、所在不明の中間者がいたりする場合に、極めて簡便に真正権利者が登記名義を回復でき、登録免許税等も節約できるため、かなり広く用いられている。この面からも「登記制度の建前」は大きく崩されているといわざるをえず、これが再び中間省略登記請求の可否、さらには登記請求権の一般的発生原因に関する議論に影響を及ぼすことになるのである。

12　不動産の付合

はじめに

土地または建物に他の物が接合した場合の法律関係につき、民法は、総則編に①土地の定着物（八六条一項）および②従物（八七条）に関する規定を設け、物権編に③不動産の付合（二四二条）および④付加物（三七〇条）に関する規定を設けている。

これらの規定の相互の関係は、どのように理解すればよいだろうか。また、それらの諸制度の中で、付合制度は、とくに、どのような機能を果たしているのだろうか。

民法は「所有権の取得」に関する節の中で、「不動産の所有者は、その不動産に従として付合した物の所有権を取得する」と定めている（二四二条本文）。不動産の付合は、所有権の取得原因としては、売買契約や相続などに比肩するほどの重要性をもっていない。しかし、不動産をめぐるさまざまな紛争の解決を図る場合の手がかりとして、意外に重要で多様な機能を果たしている。

本稿では、まず付合制度の意義・目的等を概観し、上記①②④の各制度との関係を整理した上で、借家人による賃借建物の増改築の場合を例にとって、付合制度が有する解釈論上の機能の一端につき、若干の検討を加えてみることとする。

一　付合制度の概要

1　付合制度の存在理由

(1)　たとえば、A所有建物の柱の中に何らかの事情でB所有の鉄筋が組み込まれてしまったとする。この場合に、建物を解体することなしに右鉄筋を無傷でBに返還するという「ヴェニスの商人」もどきの解決を図ることが不可能であるとするならば、BのAに対する鉄筋の返還請求を認容することは、B自身にはさしたる利益がないにもかかわらず、A所有の建物の取壊しを命ずることにほかならず、社会全体の経済的利益に反するし、権利濫用禁止の原則に照らしても、これを認めるべきでないだろう（瀬川信久・不動産附合法の研究三二六頁など参照）。
(2)　したがって、この場合には、BのAに対する鉄筋の返還請求などを認めず、建物をそのままの形で保存して、その代わりにAからBに鉄筋の価格を償還させるという解決方法をとることが望ましいことになる。

そのための法律構成は、さまざまに考えられるが、ＢのＡに対する返還請求権はＢの所有権に基づくものであるから、返還請求権の成立を否認する最も直截な方法は、鉄筋に対するＢの所有権を否定することである。その際、鉄筋の所有権がＢからＡに移転したものと構成すれば、ＡからＢに鉄筋の対価を支払わせることも可能になる。

こうして、民法は、不動産の所有者Ａがその不動産の従としてこれに付合した物（付合物）の所有権を取得し（二四二条本文）、その代わりに、付合物の所有権を失ったＢは、その所有権を取得したＡに対して償金を請求することができる（Ａの鉄筋所有権取得は二四二条という法律上の原因に基づくものであるから不当利得にならないという主張を封ずる）こととしたのである（二四八条）。

(3)　右に述べた理由だけなら、鉄筋の所有権がＡに移転して、Ａが建物と鉄筋の両方の所有者になると説明するだけで足りるはずであるが、鉄筋が建物に付合するということは、鉄筋が、建物の一部となり、独立の所有権の対象でなくなる（鉄筋の所有権が建物の所有権に吸収される）ことも意味する。

なぜこのような取扱いをするかといえば、たとえば甲が乙から自動車を購入したが、エンジンだけは丙の所有に属しており、せっかく購入した自動車を動かすことができないというようなことがあったのでは、取引の安全を確保することができないから、取引上一個の物と観念される物の一部には独立の所有権は成立しえないという原則（一物一権主義）が確立していなければならず、そのために、右事例における鉄筋のように不動産の構成部分となった物は、その瞬間に独立の所有権の対象であることをやめ、不動産の所有権に吸収されなければならないからである。

その意味では、付合制度は、所有権の客体の範囲（物の一個性）を決定する基準としての機能を有するということができる。

(4) このようにして、付合制度が設けられた理由として、第一に、物権的請求権の成立を否定することで物の分離による損失を回避する（それと同時に、金銭の給付によって利害の調整を図る）ということが、第二には、所有権の及ぶ範囲を確定することによって取引の安全を確保するということがあげられることになる（学説の詳細は、瀬川・前掲書七頁以下、新田敏「附合」民法講座３一頁以下など参照）。

2 付合の成否の基準

(1) 右に掲げたいずれの理由からしても、付合の成否は客観的な基準に基づいて画一的に決められるべきことになるが、実際には、あまり客観的・画一的な判断を可能にするような基準は設けられていない。

すなわち、右の第一の理由を強調する説は、付合が生ずるための基準を、動産の付合に関する民法二四三条に準じて、不動産または付合物を損傷するか過分の費用を支出しなければ分離することができない程度に強く付着合体することであるとし（舟橋諄一・物権法三六六頁など）、第二の理由を強調する学説は、「取引観念上の独立性」の有無をもって付合の成否の基準とするが（石田文次郎・物権法論〔全訂改版〕三七七頁など）、いずれの場合にも、具体的な適用は事案に応じてさまざまであり、必ずしも一義的に明確な結論の予測が確保されているとはいい難い。

(2)　付合制度は、右に掲げた二つの理由のいずれをも根拠とするものと解すべきであり、付合の成否の基準に関する学説の相違も相対的なものでしかないといいうるが、第二の学説（取引観念説）の実践的な目的は、わが国においては樹木・農作物等は、建物と同様に常に土地とは別個独立の取引の対象とされてきたということを理由として、植栽者の権原の有無にかかわらず、樹木・農作物等は土地に付合しないと解することにより、耕作者に収穫の権利を保障しようとするところにあったと解される。

しかしながら、無権原の耕作者が植栽した農作物等の土地への付合を認めないときには、土地所有者から耕作者に対する農作物等の撤去請求を認容すべきことになる。農作物が収穫期に達しているときには、耕作者は収穫物を自分の物にすることができ、その利益が保護されるが、収穫期が未到来の場合には、論者の意図とは反対に、農作物等の付合を認めた場合よりも耕作者に不利になるという矛盾を抱えていたことに注意する必要がある。すなわち、農作物等の土地への付合を認めるときには、無権原の耕作者は妨害物の所有者でなくなるから、土地所有者から無権原耕作者に対する妨害排除請求権は成立しないこととなるばかりでなく（最判昭46・11・16判時六五四号五六頁参照）、二四八条によって農作物等の価格の償還を請求でき、右償金請求権は土地自体に関して生じた債権ということになって、その支払を受けるまで土地を留置することも可能となり、付合を否定して妨害排除請求を認容するよりも、耕作者に有利になるのである。

3　付合の効果と利得の押しつけ

(1)　すでにみたように、付合によって、付合物は不動産に吸収され、独立の所有権の対象としての性格を失う。その結果、付合した物の原所有者から不動産所有者に対する付合物の分離・返還の請求も、不動産所有者から付合物の原所有者に対する収去請求も許されない（付合物のみを不動産と切り離して取引の対象とすることも、原則として、許されない）こととなり、それと引替えに、付合物の原所有者から不動産所有者に対し償金を請求することができることになる。

付合制度の趣旨を、社会経済上の損失の回避に求めるにしろ、所有権の客体の範囲を外形的画一的に決めることによって取引の安全を確保するという点に求めるにしろ、いずれの考え方も社会公共の利益の確保を目的としているのだから、付合の成立による所有権の一体化の原則それ自体は、強行法規としての性格を有すべきである（これに対し、一体化した物の所有権の帰属先や償金の減免については、当事者間の私的な利害調整の問題であるから、当事者の合意によって自由に決定することができると解するのが論理的である）。これが今日の通説的見解となっている。

しかし、たとえば借家人が必ず撤去することを約束して壁紙を張ることを賃貸人から許されたような場合には、その合意を常に必ず無効とする必要があるとは思われない。民法典自身も、二四二条ただし書によって、客観的には付合の成立を認めうるほどに強く付着した動産であっても、例外的に付合しない場合のあることを認めており（これを認めないと、小作人が自分の育てた農作物を収穫できないというような不都合が生ずるからである）、実際の裁判においても、二四二条ただし書を柔軟に解釈すること等を通じて、当事者間の合意に一定の効力を与えているものと推測される。付合物の撤去請求を認めることで社会的な損失を回避するといっても、付合物の所有権を取得した不動産所有者が付合物を自ら撤去することを誰も禁止することはできないし、当事者間の利害の調整は合意の有無・内容の認定によって図れば足りるであろう。また、第三者との関係での取引の安全の確保については、二四二条ただし書による付合物所有権の留保に対抗要件の具備を要求すること等を通じて対処することが可能であるから、付合の成否に関する原則の強行法規性を過度に強調することは疑わしいといわざるをえない。

⑵　問題となるのは、所有者が建物の建築を予定していた土地に無権原者が大量の植林をした場合や、所有者が取壊しを予定していた建物に借家人が大規模な増改築を行った場合のように、不動産所有者の意図に反する形で動産が付合し、これによって不動産の客観的な財産価値だけは著しく高まった場合（主観的には全く無価値または有害な付合が、純客観的には不動産の価値を増加させている

場合）に、不動産所有者は、二四八条または七〇三条に基づいて、このような「押しつけられた利得」の償還を義務づけられるかである。

この問題に関しては、未だ明確な原則が確立していないが、これを不動産所有者の「利得」にはならないとしたり（四宮和夫・事務管理・不当利得二〇四頁など）、あるいは、その除却の費用につき不法行為責任を課することによって、不動産所有者に利得を押しつける結果を回避しようとするものが大勢であるといってよいであろう。

4　民法二四二条ただし書の趣旨

(1)　二四二条ただし書にいう「他人の権利を妨げない」の意義につき、これを権原者による収去権や果実収取権等の債権的な権利の行使を妨げないとの趣旨であって、付合物の所有権の帰属を直接に定めようとしたものではないと解する少数説もみられるが（川島武宜・判例民事法昭和六年度一〇三事件）、大多数の学説は、借地権等の土地利用権原を有する者が自己の費用をもって附属させた物については、当該利用権原者がそれらの附属物の所有権を留保するものと解している（舟橋・前掲書二六七頁、我妻栄＝有泉亨・新訂物権法三〇九頁など）。

(2)　問題となるのは、権原が消滅した場合の附属物の帰趨であり、権原の消滅の時に付合が生ずると解する余地があるものの、大多数の学説は（必ずしも明確ではないが、少なくとも暗黙裡に）、権原者が附属物の所有権を留保し続けるものと解しているようである。

その結果、たとえば小作人が播種直後に小作権を喪失したような場合には、元小作人は、無権原で他人の土地に種を放置しているから、種の収去義務を負うと解すべきことになり、これを命ずることは不可能を強いることになってしまう。そこで、多くの学説は、付合には、付合物が完全に独立性を失って不動産の構成部分（同体的構成部分）になる場合（強い付合）と、付合物が独立性を失わず不動産の完全な構成部分にはなっていない（非同体的構成部分である）場合（弱い付合）とがあるとし、強い付合の場合には二四二条ただし書の適用はなく、弱い付合の場合にのみ権原者の所有権が留保される（権原者の播種・植栽した種や未成熟の苗は同体的構成部分として土地に付合するが、成熟に伴って非同体的構成部分となり、権原者の所有に帰する）とすることで、その不都合を回避しようとしている。

(3)　なお、以上のような解釈を前提とすると、たとえば山林の所有者が、立木の所有権を自己に留保しながら地盤のみを譲渡したり、逆に、地盤の所有権を自己に留保しながら立木のみを譲渡するようなことも、当該付合物が非同体的構成部分であることを条件として、許されることになる。ただし、この場合の立木所有権の「留保」を第三者に対抗するためには、原則として、登記または明認方法を備えることが必要とされている（本田純一「立木取引」川井＝鎌田編・基本問題セミナー民法1二三二頁以下参照）。

二　類似の制度との関係

1　土地の定着物

(1)　民法二四二条は、元来、「地上物は土地に属する（superficies solo cedit）」というローマ法以来の原則に由来するものである。民法起草者も、欧米諸国におけると同様に、土地とその上の建物とは合わせて一個の所有権の対象となるのが原則であって、地上権等の土地利用権原に基づいて建物が建てられている場合には、例外的に建物の土地への付合が妨げられ、建物は土地利用権者の所有物となるものとする趣旨で本条を起草したといわれている。

このような理解に基づくときは、民法八六条一項も、土地およびその定着物は、原則として常に、合わせて一個の不動産として一個の所有権の対象となると定めているものと読まれるべきことになる（ただし、三七〇条本文に注意）。

(2)　しかし、その後のわが国の判例・登記実務・学説は、従前の取引慣行、不動産税制や登記に関する法律制度および行政実務等も考慮して、土地と建物は常に別個の不動産であるとするに至った。その結果、土地の定着物には、①土地に付合して（土地の同体的構成部分となり）、独立の所有権の対象とならないもの、②原則として土地に付合するが、慣行上土地に付着したままで独立の不動産として取引されることもありうるもの（樹木・農作物等）、③設置者の権原の有無を問わず、常に土地とは別個独立の不動産として取り扱われるもの（建物・立木法上の立木）という三種類が存在することとなった（建築途上の建物と土地との関係については、簡単だが、鎌田「請負」山田卓生ほか・分析と展開民法Ⅱ〔第五版〕二四八頁以下参照）。

2　従　物

⑴　ＡがＢから土地・建物を買い受けて引っ越しをしてみたら、売買契約の時に存在した立派な庭石・石灯などがすべてなくなっており、建物の中の畳や建具もすべて取り外されていたとする。この場合、Ａは、Ｂに対し、庭石や畳・建具も自分が買い受けたはずだから、ただちに元に戻すか、それらの物の代金に相当する金銭を支払えと請求することができるだろうか。

土地や建物に付合した物は、土地や建物の一部に吸収されてしまっているのだから、土地・建物の所有権の移転のほかに付合物の所有権の移転を考える必要はない。ところが、庭石・石灯籠は土地に定着しておらず、畳・建具等は建物に付着してはいない。したがって、これらの物は土地または建物に付合してはおらず、土地・建物とは別個の動産としてそれぞれが独立の所有権の対象になると解されている。ただし、これらの動産は、土地または建物の効用を高めるために附属されたものだから、土地または建物の「従物」ということができる（八七条一項）。

土地・建物に附属された動産が付合しているか、従物的関係に立つにすぎないかの違いが最も顕著に現れるのは、不動産所有者から動産の原所有者に対する収去請求や動産の原所有者から不動産所有者に対する返還請求が認められるか否かの点にある（この点については後に再び触れる）が、ここでは、不動産取引の場面では、両者の違いがどのような形で現れてくるかを検討してみよう。

(2) (1)に掲げたような事案において、庭石等は、土地・建物とは別個独立の所有権の対象である以上、土地・建物の売買契約の効果として当然に所有権が買主に移転すると解することはできず、結局のところ、ＡＢ間の契約において庭石等が売買の目的物の範囲に含まれていたと解すべきか否かという契約解釈の問題に帰着する。

そして、当事者間の合意内容が明確ではない場合には、従物は主物の処分に従うものとされているので（八七条二項）、反証のない限り、すべて売買契約の目的の範囲内に含まれるものと解される。

(3) ところで、仮に庭石等が土地・建物に付合していると解したとしても、当事者間でそれらの物を売買の対象から除くという合意をしていたら、その意思を尊重すべきであり、そうした解釈が二四二条ただし書の趣旨に照らして許容されうることは前述した。

そうだとするならば、この種の問題においては、庭石や畳・建具が土地・建物に付合したかどうかは具体的な結論に何の関係もないから、庭石等が土地に付合しているか、それとも土地の従物かといった問題を論じることには実益がないと考えられるかもしれない。

しかし、付合物は主たる不動産の一部に取り込まれて独立の所有権の対象とならないのに対し、従物は常に主物とは別個独立の所有権の対象であるという根本的な違いがある。そして、こうした違いから、次のような場合に具体的結論の差異が生まれてくるので、取引の対象となっている不動産に附属させられた動産をめぐる問題についても、従物か付合物かを区別する必要がある。

① 八七条二項は処分行為の目的の範囲に関する推定規定でしかないから、従物的関係にある物が主物と所有者を異にするときには、善意取得＝即時取得（一九二条）その他の善意者保護法理の適用によるのでなければ、買主が従物の所有権を取得することはできない。これに対し、付合物（同体的構成部分）の場合には、誰が付合させたものであっても、買主は善意・悪意を問わず、主たる不動産の一部として、その所有権を取得しうる。

② 従物は、主物と切り離して処分したり、これのみを差し押さえたりすることができ、そのような場合には、主物とともにこれを譲り受けた者との間に対抗関係（場合によって即時取得の問題）が生ずる（主物の登記の対抗力が従物に及ぶ）。これに対し同体的構成部分となった付合物は、原則として、独立の取引の対象とはならず、主たる不動産と切り離して強制執行の対象とすることもできないから、特段の事情がない限り常に不動産の譲受人が完全な権利を取得しうる。

③ 二四二条ただし書によって権原者に所有権が留保された付合物（非同体的構成部分）については、従物的関係にある動産と同様の法的地位にあるものと解されるが、その前提として、所有権の留保それ自体に対抗要件が必要とされる場合があるのに対し、従物の所有権を留保して不動産を

譲渡した場合、従物については物権変動がないから対抗要件も不要である。

3　付加物

(1)　民法三七〇条本文は、抵当権の効力は、抵当不動産に「付加して一体となっている物」（これを付加一体物または付加物と称する）に及ぶ旨を規定する。

不動産に付合した動産は当該不動産の一部であって独立の所有権の対象とはなりえないから、当該不動産上の他物権の効力は当然に付合物に及ぶ。したがって、ここにいう付加物ないし付加一体物が付合物のみを意味するのならば、その限りでは当たり前のことを規定しているにすぎないことになる（なお、同条ただし書は、設定行為に別段の定めがあるときや、債務者が債権者を害する目的をもって動産を抵当不動産に付合させたときは、当該動産には抵当権の効力が及ばないものと定めており、これをどのように解するかは、付合の成否に関する原則の強行法規性や二四二条ただし書の趣旨の理解にも関連していることに留意しなければならない）。

これに対し、従物は、前述のごとく独立の動産としての性格を失っていないから、民法三七〇条にいう付加物には従物も含まれるものと解して、従物にも当然に抵当権の効力が及ぶと解することは、抵当権の目的物が不動産に限られていること（三六九条）との関係で問題がある。

(2)　初期の判例は、動産たる従物には抵当権の効力は及ばないとしていたが、大連判大8・3・15（民録二五輯四七三頁）によって、従物にも抵当権の効力が及ぶものと改められた。しかし、その論拠が八七条二項に求められたため、抵当権設定後に生じた従物については、従物が従うべき「主物の処分」が存しないから、抵当権の効力が及ぶことを肯定できないのではないかという疑問が提起され、解釈論上の混乱を招くこととなった。

有力な学説は、抵当権が目的物の占有を設定者にとどめ、設定者がこれを自由に使用収益しうることを最大の特色とする担保物権であることに着目し、抵当権は、その存続中、常に目的物をその時の現状において支配しているという特質を有するのであるから、三七〇条にいう付加物には抵当権設定後に附属された従物も含むものと解している（我妻栄・新訂担保物権法二五九頁など）。

ただし、抵当不動産に附属させられた従物にも抵当権の効力が及ぶとなると、抵当権設定後に抵当建物の所有者が畳・建具を取り除いたり入れ替えたりすると、担保物の滅失・損傷・減少の責任（一三七条二号・七〇九条等参照）を問われる可能性が生じ、これを単純に肯定すると、抵当権実行までは抵当不動産の所有者が目的物を自由に使用収益することができるという抵当権の最大の特色を制約する結果になることに注意しなければならない。

(3)　なお、賃借地上の建物に抵当権を設定した場合、抵当建物は土地の賃借権を伴わなければ財産的な価値を全うすることができないのに、賃借権は債権であって抵当権の目的とすることができない（三六九条参照）という不都合がある。そこで、判例・学説は、こうした場合、土地賃借権は建物の「従たる権利」であって、従物と同様に取り扱われるものと解している（最判昭40・5・4

民集一九巻四号八一一頁）。したがって、賃借地上の建物の抵当権は、八七条二項または三七〇条によって、土地賃借権に対してもその効力を及ぼすことになる。

三　借家人による賃借建物の増改築と付合

1　問題の所在

(1)　Aは、Bから賃借した居住用建物について、二階部分を増築した上で、一階部分の内外装を改修し、新たな造作を施して飲食店を営業していた。右賃貸借契約が終了した際に、賃貸人Bは、Aに対し、増改築部分等を撤去して原状を回復した上で、本件建物から退去するよう求めた。これに対し、Aは、Bに、右増改築および造作設置の費用を償還するよう請求し、それらが支払われるまでは本件建物を明け渡さないと主張する。

この場合、A・Bいずれの主張が正当であろうか。Aの増改築等の行為がBの承諾のもとになされたか否かによって、結論に差異は生ずるであろうか。

また、これとは逆に、Aが右家屋を、新たな付加部分をすべて撤去して原状を回復した上で明け渡そうとした場合に、Bの側で、造作等も含め、すべてそのままの状態にとどめて退去していくように請求することが可能であろうか（ただし、いずれの場合も、新たに付加された物の所有権の帰属について事前の合意はなかったものとする)。

(2)　この問題を考える上で必要とされる手がかりは、すでにおおまかに説明してある。すなわち、民法二四二条および二四八条から導かれる基本的な原則は、Aが増改築によって付加させた部分や造作の所有権がAにとどまっていれば、Aに収去義務および収去権があり、これが建物に付合していれば、Aに収去の権利も義務もなく、Bに償金支払義務が生じるというものであった。そして、これを判断するためには、それらの物が本件建物の構成部分となったか否か、およびAは二四二条ただし書の権原を有するか、を検討する必要がある。

さらに、建物賃貸借契約に関しては、賃借人の費用償還請求権（六〇八条）および賃借人の収去義務・収去権（六二二条・五九九条一項・二項）ならびに造作買取請求権（借地借家三三条）の規定があり、これらが右の原則といかなる関係に立つかを検討することが必要とされる。

2　増改築部分の付合と収去権・収去義務

(1)　建物の増改築部分の付合の成否に関しては、その物理的接合の度合に応じて強い付合と弱い付合を観念することが可能である。しかし、物理的な接合の度合が弱い増改築部分について借家人の権原を認めて付合を否定すると、その部分が独立の所有権の対象となるが、一棟の建物の一部が独立の所有権の対象となることは、取引の安全確保の見地からは容認し難い。現に、建物の区分所有等に関する法律一条は、一棟の建物の一部分は、構造上の独立性と利用上・用途上の独立性を兼ね備えていなければ、独立の所有権（建物の区分所有権）の対象とはなりえない旨を規定している。判例も、借家人による建物の増築部分は、建物の区分所有権の成立要件を充足しない限り、賃貸人の承諾の有無にかかわらず、従前の建物に付合すると解している（最判昭35・2・11判時二一四号二二頁、最判昭43・6・13民集二二巻六号一一八三頁など）。

(2) 他方、建物の区分所有権の成立要件を充足する構造上および利用上・用途上の独立性をもった増築部分については、それ自体独立性があるのだから、権原の有無を問うまでもなく付合しないと解する説もあるが、区分所有権は、構造上および利用上の独立性さえあれば当然に成立するものではなく、成立させることができるにすぎないものであるから、構造上および利用上の独立性を認めることのできる増築部分についても、事情によって、既存建物への付合を認めてよいように思われる（従来の議論は単純な増築ケースを念頭に置いていたようであるが、既存建物の梁・柱などを利用しながら、その一部を区切って区分所有権の成立要件を充足する区画を造った場合などに、当該区画に借家人の区分所有権を認めてしまうと、賃貸借終了後に当該区画を取り壊すことで既存建物も利用不可能にしてしまうことになりかねないという不都合がある。増築型（付け足し型）と改築型（組み込み型）で別の考慮をすることも必要であろう）。

なお、建物賃貸借契約には借家人が賃借建物を増築する権利は含まれていないから、賃貸借契約それ自体は増築部分の付合を妨げるための「権原」にはなりえない。そこで、借家人に「権原」がある場合には増築部分について借家人の区分所有権を認めようとする学説の多くは、これを賃貸人の「承諾」に求めている（増築部分をその土地上に存置させるためには土地利用権原が必要になる。建物賃貸人が土地所有者でなければ土地利用権の設定はできないし、建物賃貸人が土地所有者である場合であっても、その賃貸人が借家人に対して与えた増築の承諾に、少なくとも増築部分の敷地について、借地借家法三条によって最低三〇年の存続が保証される借地権を成立させる意思まで含まれていると解するのは難しいように思われる）。

(3)　借家人による増築部分の既存建物への付合を認めてしまうことは、一見借家人に不利な結論であるかのようにみえるが、増築部分の収去を請求されることがなく、六〇八条または二四八条に基づいて必要費・有益費の償還ないし償金を請求することができ、その支払を受けるまで建物全体を留置することもできる点では（「押しつけられた利得」の問題は残るが）、付合を否定するよりもはるかに借家人に有利な結論であるということができる。

ただし、問題となるのは、その増改築部分の既存建物への付合を認めると、当該増改築部分は、ただちに賃貸人の所有に帰し、借家人は賃貸借契約の存続中も自由に手直しすることができなくなってしまうという点である。この点についても、賃借建物である以上、自由な改修は制限されてやむをえないし、不都合があるときには、賃借人による増改築の承諾にはその後の改修の承諾も含まれていると認定すればよいと考えることもできる。

これを超えてさらに柔軟な解決を求めようとするならば、賃貸人の承諾のある増改築部分はただちには既存建物に付合しないが、当該承諾の効力の消滅または賃借権の消滅の時に、「権原」が消滅し、その結果、増築部分が既存建物に付合するという解釈をすることが必要なように思われる。この解釈は、ヨーロッパ法における借地上建物と土地との関係に関する通説的見解から示唆を得ているが、わが国における状況に即した詳細な検討を経てはいないので、当面、一つの試論として提示するにとどめておきたい。

(4) ところで、民法六二二条および五九九条一項・二項は、賃借人および使用借人に附属物の収去義務と収去権を認めている（貸主の承諾の有無は問題にしていない）。これを不動産の同体的構成部分になった物を分離しうる趣旨と解するならば、付合制度の根本理念に反するし、費用償還請求に関する規定（五九五条二項・六〇八条）との整合的理解も困難になる。他方で、もともと独立性のある物（賃借人・使用借人が持ち込んだ什器・備品・造作等の動産）の収去に関する規定であるとすると、当たり前のことを規定しただけではないかという疑問が生ずる。

これらの点を整合的に理解することは相当困難であるが（この問題に関する著作として、平田健治「物の結合体についての規律とその分類基準」民商一〇四巻二号一五三頁・三号二七三頁がある）、賃借人等に所有権が留保されている動産に限っては、賃貸借等の終了の時に、賃借人等において収去する権利を有し、義務を負う旨を定めた注意規定と解するのが穏当なところかもしれない。

この規定にそれ以上の意味をもたせようとするならば、前述の試論を発展させ、賃借人等が権原に基づいて附属させた動産は、強い付合の場合を除いて、当該権原の存続中は建物に付合しないが、その権原の消滅の時に、賃借人等において、右各条に基づいてこれを収去するか、権原の消滅を理由として二四二条ただし書によってその時まで停止されていた付合の効果を生じさせ、収去義務を免れるかの選択権を有するものと解する必要があるように思われる。

3　有益費償還請求権と造作買取請求権

(1)　建物に備え付けられる造作や設備の付合の成否については、物理的な分離の可能性や取引通念上の一体性を基準にして判断すべきであるが、容易に取り外せるガラス窓などでも、外界に面しているものは、「建物」の認定要件の一つである「外気遮断性」を構成する要素として建物に不可欠の要素とみられるから、原則として建物に付合する。これに対し、畳や建具などのいわゆる造作は、建物とは別個独立の所有権の対象であり、従物的関係にある動産の典型とされている。したがって、付合制度の原則に照らせば、建物に付合した動産は、権原に基づいて附属されたものを除いて、賃貸人の所有に帰すがゆえに、収去の必要はなく、借家人から賃貸人に対する償金請求権が発生する。これに対し、借家人の設置した造作は、賃貸借終了時には収去されるのが原則であり、償金請求権の成立する余地はないことになる。

(2)　このような理解を前提とすると、賃借人の費用償還請求権に関する民法六〇八条は、賃貸建物にとっての「付合物」の必要度に応じて必要費と有益費とを分けて、それぞれについて償還すべき金額および償還請求権の履行期に関する特則を設けたものと解される。

これに対し、「造作」は、建物に付合しないがゆえに、借家人はこれを収去すべき義務を負う。しかし、たとえば、いくら請求しても賃貸人が畳を取り替えてくれないので、やむをえず借家人が自分の費用で畳を入れ替えたような場合に、借家人が畳をもって借家から出ていくことを強いるのは合理的とはいえない。こうした場合に、畳は借家に備え付けたままにして、借家人に畳の費用を回収させるためには、まず、畳の所有権を借家人から賃貸人に移転させなければならない。そこで、借地借家法は、造作買取請求権という形成権を創設し、借家人が賃貸人に一方的な請求をすると、法律上当然に造作の売買契約が成立して、造作所有権が賃貸人に移転すると同時に、借家人は造作代金請求権を取得するものとした（借地借家三三条）。

なお、造作買取請求権は、賃貸人の同意を得て建物に付加した物にしか成立しないのに対し、費用償還請求権は賃貸人の意思に反して付合させた物についても成立しうるから、付合の成否の判断は、借家人および賃貸人の利益を大きく左右する。

(3) 他方、右にみたように費用償還請求権の成立範囲等を付合の成否と結びつけて考えることに対しては、有力な疑問も提起されている（それらを紹介する著作として、平田健治「権原者によって付加された物の法的処理について」奥田昌道先生還暦記念・民事法理論の諸問題(上)二六五頁以下がある）。

しかし、理論上は、やはり付合の成否と結びつけて理解することが最も整合的であり、費用償還請求権を担保するためには建物全体の留置権が成立し、造作買取代金請求権（借地借家三三条）を担保するための留置権は造作についてしか成立しないという判例（最判昭29・1・14民集八巻一号一六頁）の態度も――その妥当性に問題のあることは否定できないが――判例がこうした見解に立脚していることを示唆している（必要費・有益費の償還請求権は付合物が合体した「建物」それ自体に関して生じた費用であるのに対し、造作代金債権は建物とは別個独立の動産である「造作」に関して生じた債権であって「建物」に関して生じた債権ではないことを理由とする。ただし、留置権の成立要件に関する問題とその効力に関する問題は別であるから、「造作」に関して生じた債権を担保するために「造作」について成立した留置権であっても、その実効性を確保するためには、その留置権の効力として、当該造作の附属されている「建物」の留置を認めるべきであるという解釈論も、十分成り立ちうるであろう。建物買取請求権（借地借家一三条・一四条）行使の結果生じた代金債権に基づいて建物を留置する者はその敷地をも占有できるとした大判昭18・2・18民集二二巻九一頁も参照されたい）。

これによって生ずるとされる不都合は、付合の成否の認定やこれをめぐる当事者間の特約の認定をより柔軟に行うことで解決できるように思われる。

四　むすび

以上、不動産の付合をめぐる問題点を、かなり総花的に取り上げてきたが、付合論は、論理的にもかなり堅い枠組みをもち、具体的な結論も硬直性をもったものになることが多い。それだけに、その運用にあたっては、具体的な結論の妥当性をにらみながら、相当に機能主義的な運用が期待されているように思われる。さらにさまざまな事案を通じて、そのあたりを検証していくことが必要であろう。

13　共同所有

はじめに

たとえば、Ａ・Ｂ共有の甲土地の上にＡ単独所有の乙建物があり、乙建物に設定されていた抵当権が実行された場合、甲土地につき乙建物の競落人のための法定地上権が成立するかという問題があり、判例はほぼ確定しているが、学説にはさまざまな考え方がある。

この問題を難しくしている要因の一つに、共有者の一人が共有物を独占的に使用している場合の権利関係が不明確なことがある。つまり、乙建物が建築された時点でＡが乙建物を所有するために甲土地全体につき約定の利用権を有していたとすると、競落人がその利用権を承継したか否かを論ずれば足り、法定地上権が成立する余地はないのに対し、Ａは共有者の一人として甲土地を持分に応じて使用する権原を有しており、この権原に基づいて乙建物を建築・所有していたのだと解すると、競落後の法律関係については法定地上権の成否によって決せられると解しなければならないことになる。ところが、Aがどのような権原に基づいて乙建物を建築し、所有しているかについては、理論的にも、また社会的な実体としても、はっきりしていないことが多いので、競落時の権利関係をどのように理解すればよいかという問題についても、さまざまな議論が錯綜することになってしまうのである。

この例からもうかがわれるように、共有をめぐる法律問題には必ずしも十分に解明されていないものが多い。その一方で、今日の社会では、夫婦や親子の共有名義で不動産を建築または購入する例、市街地の再開発に伴って多くの地権者の共有名義で建物が建築される例、さらには建物の区分所有に伴う敷地の共有など、共有関係の発生する場面はますます増大し、問題も複雑化しつつある。

他方、共同所有論をめぐる理論面での議論の中心は、狭義の共有と合有・総有あるいは互有との異同を論ずるところにある。比較的新しい学説においては、さらにきめ細かな分類を試みる学説も主張され、新たな展開が始まりつつある。

ここでは、あえて、この理論面での伝統的課題から少しはずれる論点を取り上げて、周辺部分から共同所有論の特殊性を描き出してみようと思う。

一　共有および持分の法的性質

1　共有の法律構成については、①各共有者が目的物につきそれぞれ一個ずつの所有権を有し、それらの各所有権が一定の割合において制限し合って、その内容の総和が一個の所有権と等しくなっている状態であるとする説（我妻栄＝有泉亨・新訂物権法三二〇頁）と、②一個の所有権が分量的に数人に分属する状態であるとする説（末川博・物権法三〇八頁）とが対立している。

これに応じて、持分権の法的性質についても、①説は、同一物の上に成立する他の所有権によって制限された所有権だといい、②説は、一個の所有権の分量的一部分であると解するという対立が生ずることになる。

2　①説によると、たとえばA・B・C三名の共有の物につき、共有者の一人Cの持分権が放棄等によって消滅した場合に、その物は残りの共有者A・Bの共有になること、言い換えれば、Cの持分が消滅した場合に、その部分が無主物になるのでなく、他の共有者A・Bの持分が拡張してCの持分相当分を覆い尽くすものとされていること（これを共有の弾力性という）の説明が容易になるが、民法二五五条に明文の規定がある以上、①説と②説との間に具体的な結論の相違は生じない。

また、持分権の効力等は、どちらの説によっても、基本的には所有権と同一であるとされており、持分の処分の効力や持分に基づく物権的請求権の成否などの具体的な問題についても、①説と②説との結論に違いはない。

その結果、それぞれの説の論者自身によって、この論争は「理論上の争い」であって、実際上の結果にはほとんど差がないとされている（我妻＝有泉・前掲書三二九頁、柚木馨＝高木多喜男・判例物権法総論〔補訂版〕五一六頁）。

3 ここでの考え方の違いは、次のような場面においては、解釈論上の結論に差異をもたらすことに注意しなければならない。

すなわち、A・B共有の不動産につき、Aが、自己単独所有の登記をなした上で、これをCに譲渡して所有権移転登記をした場合、②説によれば、Bの持分に関する限り、Aは無権利者であり、Cもまた無権利者からの譲受人であるから——一七七条の適用範囲に関する現在の判例・通説の考え方を前提とすると——、BはCに対して登記なしに自己の持分を対抗することができ、結局、Cは右不動産についてAの持分しか取得できないことになる。

これに対し、①説によると、Aは目的物全部について所有権（持分権）を有しており、Bの所有権（持分権）によって一定の制約を受けているだけであるところ、そのBの所有権（持分権）が登記されていないのだから——あたかも抵当権その他の制限物権による制約が存するにもかかわらずその登記がなされていない不動産が譲渡された場合と同じように——、Cは、Bの所有権（持分権）による制約を対抗されることなく、負担のない単独所有権を取得するという結論を導くことが可能になる（むしろ、①説は、九四条二項の類推適用による第三者保護の判例法理が確立する以前に、一七七条の枠内で、ここでの設例におけるCのような第三者を保護することを目的として考え出された解釈論であるといってよい）。

この場合、②説を貫くとAの単独所有だと信じたCの保護に欠け、①説によると悪意のCまで保護することになり、どちらの結論にも不都合がある。そこで、今日的には、②説は、この不都合を九四条二項の類推適用によって補い、①説は背信的悪意者排除論の活用によって不都合を補うことになる。近時の学説の多くは②説を支持しているといってよいであろう。

4　右にみたような議論は、主として「共同相続と登記」の問題に関連して展開されているが（鎌田「相続と登記」星野英一編・判例に学ぶ民法五七頁以下、本書一三三頁以下など参照）、相続以外の原因で生じた共有の場合には、少し違った処理を必要とするケースもあることに注意する必要がある。

たとえば、甲が単独で所有していた不動産について、甲から乙に持分が譲渡され、甲・乙共有になったという事例を考えてみよう。この場合、甲から乙への持分権移転の登記がなされない間に、甲が右不動産全部を丙に譲渡して所有権移転登記したとすると、①説を採るか②説を採るかにかかわらず、乙の持分について、甲→乙と甲→丙の二重譲渡関係が生じるので、乙は自己の持分取得を登記なしには丙に対抗できないことになる。その結果、この場合には、右不動産は、丙の善意・悪意にかかわらず丙単独所有（丙が背信的悪意のときは乙・丙共有）となるのである。

このことは共有論それ自体の問題ではなく、対抗問題の特質に由来するのだが、共有にかかわる問題を考える際には、その共有関係の成り立ちにも留意する必要があることを示唆しているといってよいだろう。

二　共有者による共有物の利用

1　共有物の利用と処分に関する原則

(1)　各共有者が共有物に対して有する権利（持分権）は、他の共有者の権利による制約を受けているという点を除けば、その実質において所有権と異なるところがないから、各共有者は、他の共有者の意思のいかんにかかわらず自由にこれを処分することができ、持分権の円満な行使が妨げられるときには、単独でその排除を請求することができるものとされている（最判平15・7・11民集五七巻七号七八七頁、鎌田・リマークス二九号一四頁）。ただし、各共有者が各別に有する持分権に基づく主張と、共有物全体について数人が共同して有する一個の所有権（共有権）に基づく主張とは厳密に区別されなければならない。したがって、たとえば共有者から第三者に対して共有権の確認を求める訴訟（最判昭46・10・7民集二五巻七号八八五頁など）、共有不動産に関する境界確定の訴え（最判昭46・12・9民集二五巻九号一四五七頁。なお、共有者の中に境界確定の訴えを提起することに同調しない者がいる場合には、その者を隣接地所有者とともに被告にして境界確定の訴えを提起することができる。最判平11・11・9民集五三巻八号一四二一頁）などは、固有必要的共同訴訟とされている。

しかしながら、各共有者が目的物の全体について通常の所有者と全く同様に自由で絶対的な権能を行使しうるものとするときには、共有者相互間で権利の衝突が生ずるため、目的物の利用や処分に関しては、各共有者の権利は互いに制約し合う関係とならざるをえない。

(2) そこで、民法は、共有者間の利害を調整しつつ共有物の有効利用を図るために、次の(イ)～(ニ)の原則を設けている。

(イ)　各共有者は、共有物の全部について、持分に応じた使用をすることができる（二四九条一項）。

(ロ)　保存行為は、各共有者が単独ですることができる（二五二条五項）。

(ハ)　共有物の管理に関する事項は、持分の価格に従って、その過半数で決する（同条一項）。

(ニ)　共有物の変更（形状・効用の著しい変更を伴わないものを除く）には、共有者全員の同意を要する（二五一条一項）。

なお、二五一条にいう共有物の「変更」は、直接的には、田畑を宅地としたり、建物を改築したりすること（物理的な変更）をいうが、共有物について売却その他の法律上の処分をする場合についても、同様に共有者全員の同意を要するものと解されている。学説上、共有物の法律上の処分も二五一条一項の「変更」に含まれると解するものが多数を占めるが（安永正昭・講義物権・担保物権法〔第四版〕一九〇頁など）、共有物の処分は共有者全員の持分権の処分であるから、当然に共有者全員の同意が必要になると解する説も有力である（川井健・新版注民(7)四五二頁、広中俊雄・物権法〔第二版増補〕四二八頁など）。

2 共有者の一人による単独利用

(1) 各共有者が目的物の全部について持分に応じた使用をすることができるといっても、具体的には、A・B共有の自動車をAとBとが一カ月交代で使うとか、X・Y共有の土地にXとYとがそれぞれ同規模の建物を建てて使うといったように、時間的または空間的に範囲を区切って利用し合ったり、共有者のうちの一人または第三者に共有物を使わせてその使用の対価を共有者全員で持分に応じて分け合うというような方法をとることになるだろう。このような場合に、共有物の本来の性質を損なわない態様で共有者の一人または第三者に利用させようと決めることは一般的には「管理行為」に当たるということができ、共有物を第三者に譲渡したり、地上権のような強い権利を設定したりすることは「処分行為」に該当する（管理行為と処分行為の区別は必ずしも明確ではない。六〇二条が「処分の権限を有しない者」すなわち管理行為しかできない者が賃貸をすることができる場合を列挙しているのが一つの有力な基準になり、令和三年に新設された二五二条四項はこれを踏襲する）。

このようにして、共有者による共有物の利用の問題は、多くの場合、共有物の管理または処分の問題に帰着する。

(2)　共同相続のように当事者の意思に基づかないで共有関係が生ずる場合には、目的物の利用方法に関する合意が成立しないまま共有者の一人が目的物を排他的に利用するといった事件や、相続開始前から目的物を単独占有してきた少数持分権者に対して多数持分権者が明渡しを請求するといった事件が生じやすい（わが民法が遺産の管理に関する特別の制度をもってこなかったこともその一因といえよう）。これ以外にも、相続人またはその所在が不明であることに起因する事件も増えており、これに対処するために令和三年に不登法七六条の二以下の規定が設けられた。

これに対し、Ａ・Ｂが共同で自動車を購入する場合のように、当事者の合意に基づいて共有関係を生じさせる法律行為がなされる場合には、一般に、その当初から利用方法に関する合意が明示的または黙示的に成立していることが多い。こうした場合には困難な問題がないかといえば、そうでもなく、共有者間の合意に基づく利用権の法的性質については、不明確な部分が多い。

そこで、以下、共有者の一人が目的物を単独で占有する場合の問題について、それが独断で行われている場合と共有者の合意に基づいている場合とに分けて検討することにしよう。

3　共有者の一人の不法占有

(1)　共有者の一人が共有物の管理に関する協議等を経ることなしに持分の範囲を超えた利用をし

ている場合、他の共有者は、これによって自己の持分権を侵害されたことになるが、その侵害行為を差し止めるために、どのような請求をなしうるかについて、判例は次のように考えている。

(a) 共有者の一部の者が、共有建物を勝手に取り壊している場合のように、共有物を物理的に毀損している場合、持分権は共有物の全部に及ぶから、各共有者は単独で、持分権の侵害を理由として、共有物全部について毀損行為の禁止を求めることができる（大判大8・9・27民録二五輯一六六四頁）。

(b) 共有者の一人が単独所有の登記をしている場合、その登記によって他の共有者の持分権は害されているが、当該登記は全く無効というわけではなく、登記名義人の持分に関する限りにおいて有効であるから、他の各共有者は、自己の持分を表示した登記への更正を求めうるだけで、当該登記全部の抹消を請求することはできない（最判昭38・2・22民集一七巻一号二三五頁など）。

(c) 共有者の一人が正当な権原なしに共有物を独占的に占有使用している場合には、他の共有者は、持分権の円満な行使を妨げられていることになるから、物権的請求権が成立するはずである。しかし、判例は、各共有者は排他的独占的利用をする共有者に対し、①自己の持分に応じた利用を妨げてはならないとの不作為を求めることはできても（大判大11・2・20民集一巻五六頁）、②共有物全部の引渡しまたは明渡しを求めることはできないものとしている（最判昭41・5・19民集二〇巻五号九四七頁）。共有者の協議を経ないで独占的な占有をする者が持分の価格の過半数を有する者であっても、また、単独占有者が共有者の協議に基づかないで一部の共有者から共有物の占有使用を認められた第三者であっても、同様である（最判昭57・6・17判時一〇五四号八五頁、最判昭63・5・20判時一二七七号一一六頁、本書「14共有物の利用と明渡請求」参照）。

ここでは、右の(a)の場合には持分を超える利用の差止請求が認容されているのに、(c)の②のような不法占有ケースにおいては、持分の範囲を超えて単独で排他的な占有をしている共有者に対しては実際上妨害行為を差し止めることができないとされていることに合理性があるのか否かが問題となる。(a)や(c)①のような場合には、持分権を妨害する行為を、妨害部分に限って停止させることが可能である。これに対し、たとえば共有者の一人Aが共有地の全体につき建物を建てて単独占有をしているような場合には、建物の全部を取り壊して共有地を明け渡させる以外に不法占有をやめさせる方法はない。ところが、この場合に、他の共有者BからAに対する明渡請求（物権的返還請求）を命ずると、確かにAは違法な独占的占有使用をしていたのではあるが、その持分に応じた占有使用をする権限はあったはずなのに、それを全部剥奪することになってしまうだけでなく、請求者Bに持分の範囲を超えた不法な独占的・排他的占有をせよと命じたのと同じことになってしまう。これが、(c)②のようなケースにおいて、独占的・排他的占有をする共有者に対する他の共有者の共有物明渡請求を認めることはできないと解されていることの理由である。

⑵　しかし、右の(c)のような場合に、独占的な占有使用をする者に対する他の共有者の明渡請求

が認められないからといって、その占有が適法視されているわけではない。したがって、このような場合には、右占有者は、不法占拠を継続している限り、持分を超える占有使用につき、他の共有者に対して地代相当額の不当利得金の返還または不法行為による損害の賠償をし続けなければならない（最判平12・4・7判時一七一三号五〇頁。二四九条二項は「使用の対価」の償還とする）。

問題となるのは、こうした不法占拠状態をどのようにして終了させるべきかの点にある。第一に考えられることは、共有者の協議によって、利用方法を決定することである（協議の結果に不満のある者は、持分を処分して共有関係から脱退するか、共有物の分割を請求して共有関係を解消するほかはない。したがって、持分の処分や共有物分割の請求が法的に、または事実上、制約されている場合には、利用方法を定めるにつき、特別の配慮が必要であるといえよう）。

しかし、二五二条一項によれば、共有物の管理の方法は持分の価格の過半数によって決めることができるのだから、独断で占有を開始した者が持分の過半数を有するときには、協議の結果、現在の占有状態が正当化されることになるだろうし、逆に、単独占有者が少数持分権者であるときには、その占有・利用の可能性が全面的に奪われる結果になるであろうことは、目に見えている。

そうだとするならば、判例のように、共有者の協議を経ないで開始された占有を違法なものとしつつ明渡請求を認めないのは、いたずらに迂遠な道を歩んでいるだけであって、端的に、独占的・排他的な占有をする者が持分の過半数を有する共有者（またはその者から利用権限を付与された者）

であるか否かによって、占有を適法なものとし、または明渡請求を認容すればよいということができそうである（石田喜久夫「多数持分権者からの買主に対する少数持分権者の返還請求」判タ五〇五号三九頁〔民法判例評釈四七頁〕参照）。にもかかわらず判例がこうした考え方をとらないのは、自力救済的な占有開始行為に制裁を加えようとしているのか、あるいは具体的な利益考量の結果現在の占有状態を継続させる必要があると考えたからなのか、それとも共有物分割の請求に向かわせようとしているからなのか、判例に現れた事案との関係で再吟味をしてみる必要があるように思われる。

4　共有者の一人への利用許諾

(1)　共有者の過半数の合意によって、共有者の一人が共有土地上に単独所有建物を建ててこれを単独占有するものとされた場合、その者の土地占有権原はどのようなものと理解すべきだろうか。

時間的にも空間的にも持分の範囲を超える独占的な利用が許容されているのだから、二四九条一項の定める「持分に応じた使用」権ではないことは明らかである。共有物全体の上に約定利用権が設定されたと考えることに対しては、①当該占有者の持分に相当する部分については、混同の原則（一七九条）が働き、②それ以外の部分については、賃借権や地上権は目的不動産を独占的・排他的に利用する権利であるから、他の共有者の持分に応じた使用を許容する共有持分は賃借権や地上権の目的とすることができないという通説的な見解との抵触が生ずるので、地上権・賃借権等の成立を認めることはできないのではないかといった疑問が提起されうる。

他方、この場合に占有者のための約定利用権が存しないとすると、たとえば甲・乙共有土地上に甲単独所有の建物があり、この建物に設定された抵当権が実行された場合には、法定地上権の成立を認めないと、建物競落人は何らの土地利用権も取得できないことになってしまう。しかし、判例は、特段の事情のない限り、法定地上権は成立しないものとしており、建物の競落人は、土地の共有者からの建物収去土地明渡請求に応じざるをえないことになる。

そこで、我妻博士は、「元来、持分の上に地上権や賃借権を設定することはできないのだから、甲が共有地の上に単独で建物を所有するためには、自分を含めた甲乙共有者との間に土地の利用関係が設定されたとみなければならない」と主張した（我妻栄・新訂担保物権法三六〇頁）。

共有者全員の協議によって第三者のために利用権が設定された場合との権衡からいっても、我妻説的な発想に基づいて、共有者集団と単独占有を許容された共有者との間に約定利用権が設定されたものと解し、建物または土地共有持分につき抵当権が実行された場合には、その約定利用権の譲渡性または対抗力の有無に従って問題が解決されると解するのが妥当であるように思われる。ただし、このように共有者集団を一種の法人であるかのように捉えて、その共有者集団に共有者各人とは切り離された独自の法主体性を認める解釈論は、わが国においてはほとんどなじみがなく、この場合に限って、こうした考え方を採用することの当否については議論の余地があるだろう。

(2) 共有者の一人について許諾された独占的利用を終了させる方法に関し、最判昭29・3・12

（民集八巻三号六九六頁）は、共同相続人の一人が相続開始前から使用貸借に基づいて家屋を使用してきた事案につき、その使用貸借の解除は管理行為であるから、持分価格の過半数でこれを決すべきものとしている。

これに対し、共有物を共有者のうちの誰に使用・収益させるかは、管理に関する事項として持分価格の過半数によって決することができる（これに反対する者には補償が与えられたり、分割請求によって共有関係を解消することで不利益を回避することができるから不都合はない）が、ひとたび決定した使用・収益方法を変更することは、文字どおり「変更」に関する事項として、共有者全員の同意によらなければならない、あるいは少なくともこれを管理に関する事項と解した上で、権利濫用・信義則違反の法理の援用または正当事由法理の準用によって適切な解決を図るべきであるとする見解も有力に主張されていた（塩崎勤「共有物の保存・管理をめぐる諸問題」牧山市治＝山口和男編・民事判例実務研究第一巻一〇五頁以下など）。令和三年に改正された二五二条は、管理に関する事項は、共有物を使用する共有者があるときであっても、持分価格の過半数で決定することができるが（同条一項）、その決定が「共有者間の決定に基づいて共有物を使用する共有者に特別の影響を及ぼすとき」は、その使用権者の承諾を得なければならない（同条三項）として利害の調整を図っている。

三　共有物の第三者に対する賃貸をめぐる諸問題

1　賃貸借契約の締結

裁判例および多数の学説は、民法六〇二条所定の期間を超えない賃貸借契約の締結は管理行為であり、持分の過半数で決めることができるが、この期間を超える賃貸借は共有物の処分に当たるから、共有者全員の同意を要すると解してきた。これに対し、六〇二条所定の期間を超えるか否かで管理行為か処分行為かを決めるのは形式的に過ぎ、共有物の種類、賃借人の利用目的その他諸般の事情を総合的に判断して管理行為か処分行為かを決すべきであるとする説も有力であったが、令和三年改正によって追加された二五二条四項は六〇二条と同一の期間をもって管理行為か否かを決めるものとした。なお、この場合の賃料債権は、一般に不可分債権と解されている。

2　賃貸借契約の解除

(1)　賃貸借契約の解除について、最判昭39・2・25（民集一八巻二号三二九頁）は、これを管理行為と解しているが、持分二分の一（過半数に達していない）を有する共有者が単独で申し入れた解除の効力を否定したものであるから、その先例的価値もやや制限的に解すべきかもしれない。

学説では、解除は、単なる現状維持的行為（保存行為）でもなければ、目的物の性質を変ずる行為（処分行為）でもないから、管理行為と解するものが多数を占める。

共有者相互間での独占的利用関係の終了の場合と比べて、第三者に対する賃貸借契約の解除の場合には、これを制限的に解すべきであるとの主張が弱いようである。共有者相互間での契約解除の問題は、しばしば共同相続人間の争いとして現象し、占有者の生計維持の必要性がとくに強く感じられるにもかかわらず、一般に親族間の利用関係は使用貸借関係であって、借地借家法上の存続保護規定の適用がないので、解除ないし解約申入れの効力を共有法理によって制限する必要があるのに対し、第三者との賃貸借関係についてはこの種の考慮をする必要性が低いことがその理由であろうと思われる。

(2)　共有物の賃貸借契約の解除を管理行為とみるとき、民法五四四条一項の定める解除権の不可分性との関係が問題となる。

判例は、共有物の賃貸借契約の解除は、二五二条一項にいう管理に関する事項に該当するから、五四四条一項の規定は適用されないとしている（前掲最判昭39・2・25）。

学説には、判例を支持するものもあるが、共有者相互間での解除の意思決定の問題と相手方に対する解除の意思表示の問題とは別次元の問題であり、前者の問題に関する二五二条一項が後者の問題に関する五四四条一項に優先するといったような関係にはないと解するものが多数を占めており、これを正当と考える。

ただし、多数説の中にも、五四四条一項の具体的な適用に関しては、解除に賛成した多数共有者全員で解除権を行使しなければならないとするもの（川井・前掲新版注民(7)四五七頁）と、解除の意思決定に際し共有者全員の名で意思表示を行うことをも多数決で決定すれば、解除賛成者は反対者を含めた全員の名で解除の意思表示をすることができるとする説（猪瀬慎一郎「共同相続財産の管理」現代家族法大系5九頁）があり、後者が妥当と考える。

四　共有物の分割

1　すでにみたように、共有者の間で、共有物の利用関係等をめぐってトラブルがある場合に、現状に満足できない共有者は、持分を譲渡して共有関係から離脱するか、共有物を分割して共有関係を解消すべきことになる。ただし、持分の譲渡や共有物の分割は、共有者団体の構成員の変更またはその団体の解消を意味するから、少なくとも一定の目的を達成するまでは共有関係ないし共有者の団体的結合を存続させる必要のある場合には、持分の処分や分割の請求が禁止ないし制限される（二五六条一項ただし書・六七六条）。こうした制限の課されていない場合については、原則として、共有者はいつでも共有物の分割を請求できる（二五六条一項本文）。

2　共有物の分割は、共有者間での合意によることを原則とし、協議が調わないときには裁判所に分割を請求すべきものとされている（二五八条一項。遺産分割については九〇七条一項）。

具体的な分割の方法については、共有者間で合意が成立するときには、どのような分割をするのも自由であるとされており、基本的な分割の方法には、①現物を持分割合に応じて分割する方法（現物分割）、②共有物を売却して、その代金を持分割合に応じて分割する方法（競売分割）、③共有者の一人に所有権を帰属させ、他の者には持分に応じた金銭を支払うことで清算する方法（賠償分割）などがある。

共有者間の協議の不能または不調を理由に裁判所に分割を請求した場合には、原則として現物分割または賠償分割をなすべきであり、それらが不能であるか、分割によって著しく価格を減じるおそれのあるときに限って、競売によって生じた代金を分割する方法をとることができる（二五八条二項・三項）。なお、遺産分割の場合には、被相続人の遺産全体を一括して分割する必要上、かなり自由な分割方法をとることができるものとされてきた（九〇六条以下参照）。

3　判例は、かつては、旧二五八条二項を厳格に解釈し、裁判上の分割においては価格賠償の方法をとることはできないとする傾向にあったが（最判昭30・5・31民集九巻六号七九三頁参照）、最大判昭62・4・22（民集四一巻三号四〇八頁）は、(イ)現物をもって分割するが、それぞれの価格に過不足を生じた場合に、金銭の支払によりその過不足を調整する方法、(ロ)たとえばA・Bが甲・乙二つの物を共有している場合に、甲・乙それぞれを分割するのではなく、甲をA単独所有、乙をB単独所有にするというような方法、(ハ)たとえばA・B・C三名共有の物につきAが分割を請求した場合に、Aの持分相当分を分割してAに与えるが、残りの部分はB・C共有のままとする方法などをとることができるとの見解を表明し、その後の裁判例は、これを踏まえて、裁判上の分割方法の弾力化を図ってきた（最判平4・1・24判時一四二四号五四頁）。令和三年に改正された二五八条二項〜四項はこれらを踏襲する。

4　こうした傾向は、多くの学説によって歓迎されたが、その一方で、こうした「柔軟」な分割方法が当事者の公平を害する危険性も指摘された。たとえば、多数の小規模商店主が共同してビルを建てて共同店舗を開設し、不適正業種の参入を防止して全体の秩序を維持することなどを目的として、当該ビルをあえて全商店主の共有にするといった手法がとられることがある。こうした場合に、多数派が少数の商店主に対して価格賠償の方法による分割を請求したとすると、これは実質的には体の良い「追い出し」工作にほかならないのであって、少なくともその場所で営業を続けざるをえない商店主にとっては、極めて酷な結果を導くことになるであろう。

おそらく、こうした批判をも考慮して、最判平8・10・31（民集五〇巻九号二五六三頁）は、「共有物の性質及び形状、共有関係の発生原因、共有者の数及び持分の割合、共有物の利用状況及び分割された場合の経済的価値、分割方法についての共有者の希望及びその合理性の有無等の事情を総合的に考慮し、当該共有物を共有者のうちの特定の者に取得させるのが相当であると認められ、かつ、その価格が適正に評価され、当該共有物を取得する者に支払能力があって、他の共有者にはその持分の価格を取得させることとしても共有者間の実質的公平を害しないと認められる特段の事情が存するとき」に限って、全面的な価格賠償の方法による分割をすることも許されるとした。

5　なお、令和三年改正法は、共有物の全部またはその持分が相続財産に属する場合における遺産分割手続と共有物分割手続の一元的処理を可能にするための特則を設けた（二五八条の二）。

五　むすび

以上、主として共有物の管理および処分に関する解釈問題について概観してきたが、民法二四九条以下の規定が予定している共有は、共有者各人がいつでも持分を処分して共有関係から脱退し、あるいは共有物の分割を請求して共有関係を解消することのできるものである。しかし、実際の社会に存在している共同所有関係には、目的物の性質上分割になじまない「互有」（二五七条参照）、共同の目的を達するために、その活動の基礎となる財産につき、持分の処分や分割の請求が制限される「合有」（六七六条参照）、実質的には団体所有であるが、当該団体に法人格が認められていないために、その構成員が名目上の所有者になっているにすぎない「総有」などを典型として、それらの中間的なものを含め、極めて多様なものが存在する。

本稿で中心的な課題として取り上げた共有物の利用関係について、従前の学説は、共同所有関係の成り立ちについてあまり注意を払うことなく議論してきたといって過言でないであろう。しかし、すでにみたように、当事者間の合意に基づいて共有関係が形成された場合と遺産相続のように合意を契機としない共有関係とでは、共有物の利用関係をめぐる紛争の形態を異にする。

また、たとえば、建物の区分所有等に関する法律は、区分所有建物の共用部分もしくは区分所有建物の共有敷地等の変更（同法一七条・二一条）または区分所有建物の建替え（同法六二条）などについて、区分所有者および議決権の四分の三または五分の四以上の多数決によってこれをなしうる旨の特則を設けている。これは、それらの共有関係が区分所有者の円満な生活に不可欠の基礎であることと、実質的には互有関係と同様に、分割請求になじまない「強いられた共有関係」であることを理由として、全員一致原則を修正したものとみることも可能であろう。

こうした観点からは、共有物の利用関係や共有物分割のあり方を考える際にも、その多様な実態に応じた柔軟な解釈基準の構築が目指されてもよいように思われる（山田誠一「共有者間の法律関係」私法四七号一七八頁以下、小粥太郎・新注釈民法(5)五四二頁、原田純孝・有斐閣Sシリーズ民法Ⅱ物権〔第五版〕一五九頁以下参照）。

14　共有物の利用と明渡請求

はじめに

一つの物を複数の者が共同で所有している状態を共有という。この場合に各共有者が共有物に対して有する権利（持分権）は、その実質において所有権と異なるところがないから、各共有者は、これを自由に（他の共有者の意思のいかんにかかわらず）処分することができるし、持分権の円満な行使が妨げられるときには、その排除を請求することができる（ただし、各共有者が各別に有する持分権に基づく請求と、共有物全体について数人が共同して有する一個の所有権（共有権）に基づく請求とは厳密に区別されなければならない〔最判昭46・10・7民集二五巻七号八八五頁参照〕）。しかしながら、各共有者が目的物の全体について通常の所有者と全く同一の権利を行使しうるものとするときには、共有者相互間で権利の衝突が生ずるため、目的物の利用や処分に関しては、各共有者の権利は互いに制約し合う関係とならざるをえない。そこで、民法は、各共有者は、共有物の全部について、その持分に応じた使用をなすことができるものとした（二四九条一項）ほか、共有物の保存行為は各共有者が単独でこれを行うことができるが（二五二条五項）、共有物の管理に関する事項は持分の過半数をもって決するものとし（同条一項）、共有物に変更を加える場合には、軽微なものを除いて、共有者全員の同意を要するものと定めている（二五一条一項）。このほか、共有物全体について売却その他の処分をすることは、共有者全員の持分権を処分することにほかならないから、当然に、全員の同意を要するものと解されている（川井健・新版注民(7)四五〇頁など）。

それでは、共有者の一部の者が、他の共有者の意に反して共有物の全体を独占的・排他的に利用していたり、独断で共有物全体について第三者に排他的な使用をなさしめたりすることによって、右の原則に抵触する状態が生じている場合、他の共有者は、独占的な利用をしている共有者または第三者に対してどのような請求をすることができるであろうか。こうした問題は、しばしば遺産分割前の共同相続財産の利用方法をめぐる共同相続人間の争いとして判例の世界に登場してくる。ここでは、共同相続人の一部の者から共有物の占有使用を許された第三者に対し、これに承認を与えなかった相続人が持分権に基づいて共有物の明渡しを請求した事件に関する最判昭63・5・20（金判七九七号二三頁、判時一二七七号一一六頁、判タ六六八号一二八頁）を素材として、この問題を考えてみることとしよう。

一　事実の概要

Aは、本件建物を所有し、病院を経営してきたが、昭和五六年一二月に死亡し、兄B・Xおよび妹Cが各持分四分の一、弟亡Dの代襲相続人である二人の子が各持分八分の一の割合で、右建物を相続した。

相続人ら全員で本件建物の利用方法を協議したことはなかった（遺産分割の調停も不調に終わっている）が、Aが、その債務をY（B、Cの夫、亡Dの妻などが理事であり、Xは関与していない医療法人）において肩代わり返済すること、本件建物をYに遺贈することを主旨とする捺印の欠けた遺言書を残していたのを受けて、Yは、Aの死後、事実上、本件建物を占有し、入院患者、看護師、事務員、医療器械・諸設備一切を引き継いで、Yの経営する病院の分院として医療活動を続けつつ、Aの個人債務を返済している。なお、Bら（X以外の相続人全員）は、昭和六〇年一月、共有者の内部関係を明らかにするため、Yとの間で、本件建物をYに使用貸借すること、YはAの残債務を肩代わり返済することを内容とする使用貸借契約を締結した。

こうした事情のもとで、Xは、Yに対し、共有持分権に基づいて、本件建物を明け渡すよう請求した。

原審は、本件建物の利用状況が相続の前後を通じてほとんど変化していないことなどから、右使用貸借契約の締結は民法二五二条の「管理に関する事項」に当たると解し、これが合計四分の三の持分権を有するBらとの間で締結されたことなどを理由として、Xの控訴を棄却したため、Xは、右契約は処分行為と解すべきである等の理由をあげて、上告した。

二　判　旨

上告棄却。

「共同相続に基づく共有者は、他の共有者との協議を経ないで当然に共有物を単独で占有する権原を有するものではないが、自己の持分に基づいて共有物を占有する権原を有するので、他のすべての共有者らは、右の自己の持分に基づいて現に共有物を占有する共有者に対して当然には共有物の明渡しを請求することはできないところ（最一小判昭41・5・19民集二〇巻五号九四七頁参照）、この理は、共有者の一部の者から共有物を占有使用することを承認された第三者とその余の共有者との関係にも妥当し、共有者の一部の者から共有者の協議に基づかないで共有物を占有使用することを承認された第三者は、その者の占有使用を承認しなかった共有者に対して共有物を排他的に占有する権原を主張することはできないが、現にする占有がこれを承認した共有者の持分に基づくものと認められる限度で共有物を占有使用する権原を有するので、第三者の占有使用を承認しなかった共有者は右第三者に対して当然には共有物の明渡しを請求することはできないと解するのが相当である。なお、このことは、第三者の占有使用を承認した原因が共有物の管理又は処分のいずれに属する事項であるかによって結論を異にするものではない。」

これを本件についてみるに、Xは本件建物を持分四分の一の割合で共有し、Yはその余の共有者との間で使用貸借契約を締結して本件建物を使用するのであり、右事実のみをもってしてはXがYに対して本件建物の明渡しを請求することはできない。

三　解　説

1　本件は、遺産分割前の共同相続財産の使用収益が争われている事件であるが、共同相続人相互間においてではなく、相続開始後に共同相続人の一部の者から共有物を使用することを承認された第三者とこれに承認を与えなかった相続人との間で争いが生じている点に特色を有している。

「遺産の管理」の問題の特殊性を強調する学説も有力になっているが（品川孝次「判批」上智法学論集一〇巻三号八七頁、星野英一「判批」法協八四巻五号一七一頁〔民事判例研究二1二一〇頁〕など）、判例は、遺産の共有も民法二四九条以下に規定する共有とその性質を異にするものではないとしている（最判昭30・5・31民集九巻六号七九三頁など）。本判決も「共同相続に基づく共有者は」と書き出しているものの、全体としては遺産の管理に関する事件であることに格別の配慮を示してはおらず、共有物の使用管理一般に適用されるべき論理を展開しているものと評しうる。

2　共有持分権は、前述のごとく、限縮された所有権としての実質を有するから、これが侵害された場合には、その排除を請求することができる。

しかし、本件のXの請求が認められるためには、①Yの占有がXの共有持分権を侵害するものであり、かつ、②不法占有によって共有持分権を侵害された者がその侵害を排除するための法的手段としては、占有者に対して共有物を自己に明け渡すように請求することが認められる、との解釈が採られる必要がある。

3　右の①の点について、一般的にいえば、共有者は共有物の全部につき持分に応じた使用・収益をすることができるから（二四九条一項）、第三者または一部の共有者が共有物を排他的・独占的に占有使用することは、それが民法二五一条または二五二条に則って定められた利用方法に従うものでない限り、共有持分権の侵害となる。

原判決は、本件使用貸借契約が管理行為であることを前提として、それが持分の過半数を有する共有者の承認を得て締結されていることを理由に、Yの占有を適法なものと解したが、本判決は、Yの占有権原は、共有者の「協議」に基づくものでない以上、これをもってXに対抗しうる適法なものとは認められないと解しているようである。

もっとも、本判決は、右の②の解釈を採りえないとしているのであるから、①の点につきどのように解しようとも、明渡請求を認めえないとの結論が変わることはない。したがって、Yの占有権原に関する説示は傍論というべきであろう。本稿では、以下、Yの占有は不適法なものという前提で、右の②の明渡請求の可否の問題について検討する。

4

共有持分権に対する侵害を排除する方法は、侵害者および侵害態様のいかんによって異なりうる。

(1) 無権原の第三者による侵害の場合、各共有者は単独でその侵害の全部の排除を求めうる。たとえば、各共有者は単独で、無効な登記・登録の名義人に対し当該登記等の全部の抹消を求めることができ〔大判大12・4・16民集二巻二四三頁、最判昭31・5・10民集一〇巻五号四八七頁〔共同相続財産に関するもの〕、最判昭33・7・22民集一二巻一二号一八〇五頁〔組合財産に関するもの〕など〕、不法占拠者に対して共有物全体を自己に引き渡すように請求することができる〔大判大10・3・18民録二七輯五四七頁、大判大10・6・13民録二七輯一一五五頁〕。なお、各共有者が単独で全部の請求をなしうることの根拠については、不可分債権に関する規定〔四二八条・四三二条〕を類推するもの〔前掲大判大10・3・18、末川博・物権法三一二頁、舟橋諄一・物権法三八一頁、我妻栄＝有泉亨・新訂物権法三二八頁〔ただし、舟橋および我妻は、抹消登記請求を含む妨害排除請求については持分権の当然の効力とし、我妻は、返還請求については不可分債権の規定を類推した上で、保存行為であるから単独で自分に引き渡すよう請求しうることとなるとする〕など）、または保存行為（二五二条五項）に当たるとするもの（前掲大判大12・4・16、前掲大判大10・6・13、前掲最判昭31・5・10、前掲最判昭33・7・22など）が多数を占めてきたが、近時の学説では、持分権の性質上当然とするものが多数である（川井健・新版注民(7)四四〇頁・四四二頁、広中俊雄・物権法〔第二版増補〕四三七頁。最判平15・7・11民集五七巻七号七八七頁、鎌田・リマークス二九号一四頁参照）。

(2) 侵害者が共有者の一人である場合には、一方に、持分権は共有物の全部に及ぶとの原則があり、他方で、侵害者もまた持分権を有し、持分に応じた使用権限を有するため、複雑な様相を呈する。

すなわち、(イ)共有者の一部の者が共有物を毀損する場合、持分権は共有物の全部に及ぶから、各共有者は、単独で、共有物全部について毀損行為の禁止を求めることができる（大判大8・9・27民録二五輯一六六四頁、最判平10・3・24判時一六四一号八〇頁）。

(ロ)共有者の一人が単独所有の登記をしている場合、その登記も登記名義人の持分に関する限り有効だから、他の各共有者は自己の持分を表示した登記への更正を求めうるだけで、当該登記全部の抹消を請求することはできない（最判昭38・2・22民集一七巻一号二三五頁など。ただし、最判平17・12・15判時一九二〇号三五頁は、実際の権利変動の過程と合致しない登記がされていて、更正前の登記と同一性の認められない登記をしなければ実体に合致した登記にすることができない場合には、全部抹消の登記をすべきであるとする)。

(ハ)共有者の一人が正当な権原なしに共有物を独占的に占有使用している場合には、他の共有者は、自己の持分に応じた利用を妨げてはならないとの不作為を求めることはできても(大判大11・2・20民集一巻五六頁)、共有物全部の引渡しまたは明渡しを求めることはできない(最判昭41・5・19民集二〇巻五号九四七頁、最判平12・4・7判時一七一三号五〇頁)。独占的な占有使用をする共有者も持分に応じた占有使用権限をもっているのだから、これを全面的に明け渡させることは、その者の使用権限を剥奪することになる。それればかりか、明渡請求を認めるということは、請求者に排他的・独占的な占有を付与することであるから、結果的に請求者に持分の範囲を超えた占有＝不法占有をするように命じることになるというのがその理由である(昭和41年判決以前の裁判例・学説については、奈良次郎・判解民昭和四一年度四三事件が詳しい)。

5　本件のように、共有者の一部の者から占有使用を承認された第三者については、右の(1)と(2)のいずれの類型に属するものと解すべきかが問題になる。

この点に関し、最判昭57・6・17(金判六五六号一五頁、判時一〇五四号八五頁、判タ四七九号九〇頁)は、本判決とほぼ同様の一般論を述べた後に、「少数持分権者である上告人は、多数持分権者から占有使用を承認された被上告人に対し、自己の持分権に基づく右持分権侵害に対する排除請求として当然には本件建物の敷地部分の明渡を求めることはできないし、また、共有物の純然たる不法占有者に対する場合におけるように、共有物の保存行為としても単独で自己への右敷地部分の明渡を求めることはできない」と判示して、これを⑵ハに準ずるものと解している。

したがって、本判決は右昭和57年判決を踏襲したものといいうるが、昭和57年判決が、多数持分権者から共有不動産の一部を買い受けた者が、具体的な土地の範囲および代金額の確定を将来に残したまま、おおよその部分の引渡しを受け、同部分に建物を建築して、その敷地部分を占有している（この部分に関する限り、多数持分権者は占有を失い、買主が自主占有をしていると解されるであろう）という事件に関するもので、実質的には共有持分の譲受人と少数持分権者の争いに近似するという意味で、⑵ハの類型に限りなく近い事案に関する特殊なものと解する余地もあったため、本判決によって論点がいっそう明瞭にされたものと評価されている（富越和厚「本件解説」ジュリ九一八号七九頁参照）。しかし、本件におけるYも、法形式上はともかく、実質上はX以外の共同相続人の集合体であるといって過言ではなく、その意味では、本件もまた、⑵ハに限りなく近い類型の事案に関するものだと評価することができるであろう。

6 なお、本判決は、XのYに対する明渡請求を認めえないものとしたが、これによってYの占有が適法なものとなったわけではない。したがって、Xは、Yに対し、損害賠償または不当利得の返還（二四九条二項は「使用の対価」の償還という）を請求することができる（前掲最判平12・4・7）。

さらに、一般論としては、持分に応じた使用収益の妨害の禁止も求めることができると解されているが（前掲大判大11・2・20など参照）、本件のような場合には、その具体的な内容を明らかにすることは困難であり、これを自己の持分に応じた共同占有を請求することであると解するのも（谷田貝三郎「判批」民商五六巻一号一一四頁、金山正信「判批」判評九六号九頁など参照）、実際の実現可能性や妥当性に疑問を抱かせるであろう（原田純孝「本件判批」判タ六八二号六三頁参照）。

その結果、当面は、YがXに対する関係での不法占拠を続け、XはYに対し使用の対価の償還を請求し続けるという関係が継続することになる。こうした不法占拠関係を終了させるにはどのような方策が存するであろうか。本判決の文言に従うならば、改めてXを含む共有者全員が二五二条一項の規定に従った協議を行い、持分の多数をもって本件使用貸借契約と同一内容の契約を締結したときには、Yの占有は全く正当なものとなる（その協議にXが応じない場合については二五二条二項二号参照）と解される。こうした考え方に対しては、第一に、本件使用貸借契約が多数持分権者によって締結されている以上、改めて「協議」を行わせることは、屋上屋を架すにすぎないのだから、端的にYの占有を適法なものと認めればよいとの批判が考えられる（石田喜久夫「判批」判タ五〇五号三九頁（民法判例評釈五一頁））。第二には、このような考え方を採るときには、占有者が少数持分権者または少数持分権者から占有を許諾された者であるときには、多数持分権者によって明渡しが命じられることになり、共同相続人の一人による相続不動産の占有の継続を認める必要がある場合などに不都合な結果を生ずるであろうことが、以前から指摘されていた（星野英一・前掲判批、原田純孝・前掲判批およびそれらの引用する諸文献参照）。この点については、令和三年改正により、共有者の持分の過半数による決定が「共有者間の決定に基づいて共有物を使用する共有者」に特別の影響を及ぼすべきときは、その承諾を得なければならないものと定められた（二五二条三項）。

このように、本判決によって、この事件について終局的な解決が与えられたわけでもなく、理論上の問題点もすべて氷解したわけでもないが、いずれにしろ、Xが本件建物の占有を開始することは実際上不可能に近いことになる。少数持分権者Xの権利が不当に抑制され続けているのだとすれば、そうした状態を抜本的に解消するには、遺産分割によらざるをえないものと解される。

8　相続と登記
　ロー・スクール26号（1980年11月号）

9　取得時効と登記
　法学セミナー304号（1980年６月号）

10　不動産の取得時効完成後の譲受人と背信的悪意者
　椿寿夫＝川又良也＝國井和郎＝徳田和幸編・私法判例リマークス34号（2007年）

11　登記請求権
　山田卓生＝野村豊弘＝円谷峻＝鎌田薫＝新美育文＝岡孝＝池田真朗・分析と展開／民法Ｉ〔総則・物権〕（弘文堂・1982年、補訂版1992年、第三版2004年）

12　不動産の付合
　磯村保＝鎌田薫＝河上正二＝中舎寛樹・民法トライアル教室（有斐閣・1999年）

13　共同所有
　磯村保＝鎌田薫＝河上正二＝中舎寛樹・民法トライアル教室（有斐閣・1999年）

14　共有物の利用と明渡請求
　「共有者の一部の者から共有物の占有使用を承認された第三者に対する明渡請求の可否」ジュリスト935号（昭和63年度重要判例解説）（1989年）

初出一覧

＊初出時の表題と本書における表題とが同一の場合には、初出時の論文名を省略した。

＊初出として複数の論文が示されているものは、本書への転載にあたって、それら各論文が一本に合体されている。

1　意思表示による物権変動

「不動産物権変動１」法学教室109号（1989年10月号)、「意思表示による物権変動」石田喜久夫編・判例と学説２／民法１〔総則・物権〕（日本評論社・1977年）

2　「対抗要件主義」の基本問題(1)——対抗問題と公信問題の区別

「不動産物権変動２」法学教室110号（1989年11月号)、「不動産取引と第三者の保護(1)——対抗問題と公信問題の区別」法学セミナー407号（1988年11月号）

3　「対抗要件主義」の基本問題(2)——一七七条の適用範囲

「不動産物権変動３」法学教室111号（1989年12月号）

4　「二重譲渡」の法的構成

加藤一郎＝米倉明編・民法の争点（ジュリスト増刊）（1978年、新版1985年、新シリーズ2007年）

5　背信的悪意者

「民法一七七条と背信的悪意者」平井宜雄編・民法の基本判例（別冊法学教室）（1986年)、「背信的悪意者」石田喜久夫編・判例と学説２／民法１〔総則・物権〕（日本評論社・1977年）

6　背信的悪意者からの転得者と民法一一七条の第三者

椿寿夫＝川又良也＝國井和郎＝徳田和幸編・私法判例リマークス16号（1998年）

7　法律行為の取消しと登記

ロー・スクール25号（1980年10月号）

●事項索引●

鎌田　薫（かまた・かおる）

1948年　静岡県生まれ
1970年　早稲田大学法学部卒業
1983年　早稲田大学法学部教授
2010年　早稲田大学総長
その他　司法試験第二次試験考査委員、最高裁判所司法修習委員会委員、土地鑑定委員会委員長、法制審議会・産業構造審議会臨時委員、教育再生実行会議座長などを歴任し、2021年に国立公文書館長に就任

主要著書　『民法Ⅱ─物権』（共著・有斐閣Ｓシリーズ）
『分析と展開・民法Ⅰ〔総則・物権〕』
『分析と展開・民法Ⅱ〔債権〕』（以上、共著・弘文堂）
『岩波講座 現代の法（全15巻）』（共編著・岩波書店）
『新不動産登記講座（全７巻）』（共編著・日本評論社）
『民事法ⅠⅡⅢ』（共編著・日本評論社）
『新基本法コンメンタール　物権』（共編著・日本評論社）
『新基本法コンメンタール　不動産登記法』（共編著・日本評論社）

民法ノート｜物権法①〔第４版〕

著者　鎌田　薫

発行所　株式会社　日本評論社
東京都豊島区南大塚3-12-4　　電話（03）3987-8621（販売）
郵便番号 170-8474　振替 00100-3-16　　3987-8631（編集）
印刷　精文堂印刷株式会社　　製本　井上製本所
検印省略　Printed in Japan

装幀　末吉　亮（図工ファイブ）　　ISBN978-4-535-52631-0

1992年９月30日　第１版第１刷発行
1999年２月20日　第１版第10刷発行
2001年７月10日　第２版第１刷発行
2003年５月15日　第２版第３刷発行
2007年11月20日　第３版第１刷発行
2009年６月20日　第３版第２刷発行
2022年４月30日　第４版第１刷発行